職場の
困った人の
心理と対策

三浦　春政　著

インデックス出版

本書は、職場の「困った人」への対処について、
- 法律・医学など全体を見通せる入門書兼ガイドブック
- 類型ごとに心理・行動パターンと対処法を整理
- 実際の管理現場で対応する方々にすぐに役立つ
- 大学・企業など組織全体の安全・安心を守る人のために
- 頼りにされる人事マンになるために
- 一般書から専門書まで豊富な参考文献・資料も列挙

はしがき

　様々な事情から、人事管理なかんずく不祥事・ハラスメント処理に力を注ぐようになって8年になります。当初は規則は一応あるものの、具体的運用については経験が乏しく、やりながら考えていくという状況でした。

　ハラスメントの定義や処理手続は決まっており、たくさん申立もあがってくるのですが、具体的な調査や事実認定の方法については経験の蓄積も文献もなく、顧問弁護士さんに全部お任せするわけにもいかず、訴訟手続の類推などですすめていました。

　また、ハラスメントの加害者（ときには被害者）がメンタルな問題を抱えている例が多く、その場合すなおに調査手続に乗ってくれないばかりか、内外の多方面に働きかけをすることもありました。その対応のためには、メンタルな問題をもつ人の類型ごとにその心理・行動パターンと対処方法を知っておく必要があります。しかし、参照できるのは、学術的な専門書か、うつ病と職場復帰に関する啓蒙書くらいで、事例にぶつかるごとに調べて対処しなければなりませんでした。近時は、本文でご紹介するような比較的わかりやすい啓蒙書もふえてきましたが、依然として一冊で全部の事例に対応できるくらいの知識が得られるようなものはありません。

　各組織でも対処に苦慮された貴重な経験があるはずですが、事柄の性質上その経験を交流する場もなく、小さい組織では、新しいタイプの「困った人」に出会うたびに手探りでご苦労なさっているものと思います。

　そこで、このような問題に対応するために必要な、法律、医学などの知識について、効率的に学ぶために、全体を見通せる入門書兼ガイドブックのようなものが必要であると考え、本書を執筆しました。念頭にあったの

は、職場の管理者等で人事管理上の対応に困る事例に対処しなければならない方や、そのような事例の当事者・関係者となった方などです。実際の問題への対処に役立つよう、対象者の主な類型とそれぞれへの対処のポイントを説明しています。そのため参考文献などもできるだけ一般向けに書かれているものを選びました（専門的な正確性を期す必要がある場合は、専門書も引用しています。）。

　なお、当事者が心の病を有するケースについては、精神医学的な定義に基づき説明をしていますが、これは相手の心理の特徴を知り、その行動を予測するためであって、管理者等が医師の診断なしに心の病と断定することを奨めるわけではありませんのでご留意ください。

　私は医学については専門ではありませんので誤りもあるかと思いますが、引用文献もあわせてご参照いただき、皆様の基礎知識の習得に少しでもお役に立てれば幸いです。

三浦春政

目 次

はしがき ii

第 1 章

欠勤、休職　　　　　　　　　　　　　　　1

1. 一般の欠勤 2

2. うつ病等による休職 2

　　1) 心の病気の区分について　2
　　2) 従来型のうつ病 3
　　3) 新型うつ病　5
　　4) 適応障害　6
　　5) 双極性障害　7
　　6) うつ病像の変化　8

第 2 章

ハラスメントの概要　　　　　　　　　　11

1. 一般のハラスメント 12

　　1) セクシャルハラスメント　12
　　2) パワーハラスメント　13

2. 心の問題が関係する場合 ……………………………………………………… 14
    1) 境界性（ボーダーライン）パーソナリティ障害　15
    2) 妄想性パーソナリティ障害　17
    3) 自己愛性パーソナリティ障害　17
    4) 発達障害　18
    5) PTSD　20
    6) 診断を受けない者の扱い　21

3. 意図的な攻撃 ………………………………………………………………………… 22
    1) クレーマー、モンスター　22
    2) 反社会的勢力　23
    3) 諸団体　24

第 3 章

ハラスメントの対処方法　　　　25

1. 緊急措置 ……………………………………………………………………………… 26
    1) 心の病に対する緊急措置　26
    2) ストーキングへの対応　27
    3) ネットによる誹謗中傷への対応　28

2. ハラスメントの処理手続 …………………………………………………………… 28
    1) 手続の流れ　28
    2) 初期対応　29
    3) 調査段階　30
    4) 措置段階　33
    5) 公表・マスコミ対応　35

第 4 章

ハラスメントの処置後の対応 39

1. 交渉等 ……………………………………………………………………… 40

2. 訴訟—加害者側からの訴え ………………………………………………… 40
   1）訴え提起まで　40
   2）訴訟の提起　41
   3）争点及び証拠の整理　42
   4）判決　43
   5）訴訟上の和解　43
   6）控訴審　43
   7）上告審　44

3. 訴訟—被害者側からの訴え ………………………………………………… 44
   1）請求の根拠等　44
   2）損害賠償の範囲　45
   3）差し止め請求　45

4. 労働審判 …………………………………………………………………… 45
   1）制度概要　45
   2）本手続の利用について　46

5. 仮処分 ……………………………………………………………………… 46
   1）制度概要　46
   2）手続　47

6. 裁判外の個別労働関係紛争処理 …………………………………………… 47
   1）都道府県労働局による相談・あっせん手続　48
   2）府県労働委員会によるあっせん　49

第 5 章

仕事ができない　　51

1. 仕事の仕方を知らない ……………………………………… 52
   1) 組織の一員としての仕事　52
   2) 組織が機能しないとき　52
   3) サラリーマンの心得　53
   4) ピラミッド型組織とフラット化　56
   5) 「サラリーマンとしての心得」の解説　56

2. 心の問題が関係する場合 …………………………………… 57
   1) アスペルガー症候群　57
   2) ADHD　58

3. 単なる怠慢 …………………………………………………… 59

第 6 章

職場に「困った人」を抱えないために　　61

1. 採用時の留意点 …………………………………………… 62
    1) 面接の重要性　62
    2) 中途採用　62

2. 試用期間の活用 …………………………………………… 63
3. 職場環境の改善 …………………………………………… 63
    1) 人材育成と職場環境の関係　63
    2) SOC 理論など　64
    3) モチベーション・アップ　67
    4) 組織と人　71

おわりに 74
参考資料 77
　1. 雇用の分野における男女の均等な機会及び待遇の確保等に関する法律　78
　2. 改正雇用の分野における男女の均等な機会及び待遇の確保等に関する法律の施行について　81
　3. 事業主が職場における性的な言動に起因する問題に関して雇用管理上講ずべき措置についての指針　87
　4. 人事院規則10－10（セクシュアル・ハラスメントの防止等）　92
　5. 人事院規則10－10（セクシュアル・ハラスメントの防止等）の運用について　94
　6. 職場のパワーハラスメントの予防・解決に向けた提言　103
　7. 職場のいじめ・嫌がらせ問題に関する円卓会議ワーキング・グループ報告　106

参考文献一覧 108
索引 112

第 1 章

欠勤、休職

1. 一般の欠勤
2. うつ病等による休職
   1）心の病気の区分について
   2）従来型のうつ病
   3）新型うつ病
   4）適応障害
   5）双極性障害
   6）うつ病像の変化

1．一般の欠勤

　無断欠勤・遅刻は、その都度指導し、たび重なるならば処分の対象とします。長期にわたり是正されない場合は懲戒解雇とすることが可能です。

　また、行方不明が一定期間続く場合は普通解雇の対象となります（解雇の意思表示については、文書で手交することができませんので、公示送達（民法第98条：行方不明者の最後の住所地を管轄する簡易裁判所に申し立て、これが裁判所の掲示場に掲示され、掲示されたことが官報に掲載される等した後、2週間経過した時、相手方に到達したものとみなされる。）という手続によります。この手続の煩雑さを避けるため、一定期間の行方不明による欠勤を退職事由として就業規則に規定しておくことも考えられます[1]。）

2．うつ病等による休職[2][3]

1）心の病気の区分について

　これから本書を記述するにあたって、心の病気の名称・区分が頻繁に登場しますので、はじめに説明しておきます。

　これについては、米国精神医学会の編纂による「精神障害の診断と統計の手引き Diagnostic and Statistical Manual of Mental Disorders」が事実上のスタンダードとなっており、我が国でも病名の区分や診断の基準などこれにそって行われています。近時第五次の改訂が行われたので、DSM-5 と略称されます。本書も基本的にこれにのっとって記述しています。

　ただし、DSM-5 の改訂を巡っては、病気の範囲を広げ過剰診断を招くとする強い批判もあります[4]。

1）　中山慈夫「Ｑ＆Ａ解雇・退職トラブル対応の実務と書式」新日本法規、2010
2）　野村総一郎、樋口輝彦編「第 5 版　標準精神医学」医学書院、2012
3）　山下格「第 7 版　精神医学ハンドブック」日本評論社、2010
4）　アレン・フランセス「〈正常〉を救え」講談社、2013

第 1 章　欠勤、休職　3

　なお、疾病一般の分類として、WHO が定めた「疾病及び関連保健問題の国際統計分類 International Statistical Classification of Diseases and Related Health Problems」があり、現在第十版なので、ICD-10 と略称されています（こちらも近く改訂の予定です。）。このうち F0 〜 F9 の項が精神疾患に該当します。DSM とはすりあわせが行われていますので、大きな差異はありません。公式統計や政府文書（たとえば、労災の対象を示す通達など）には ICD が用いられています。

2）従来型のうつ病 [5) 6)]

（1）大うつ病

　従来型のうつ病は、医学的には大うつ病（major depression の訳）、メランコリー型うつ病などと呼ばれる典型的なうつ病です。

　中年に多いとされ、病気になる前の性格としては、仕事熱心であり、まじめ人間で、几帳面で、責任感も強く、同僚などに対する配慮もあり、会社などの組織の秩序を重んじる、いわば「模範社員」であることが多いのです。

　ところが、仕事が増えたり、本人の張り切りすぎにより、能力の限界まで働き続けるうちに、心のエネルギーを使い尽くしてしまった状態となってしまいます。そうすると、気力が衰え、頭も働かなくなり、書類を読みとおすこともできず、些細な決断も下せなくなって、仕事が処理できなくなってしまいます。

　夜はなかなか寝付けず、寝ても早朝からめざめてしまい、その後不安ばかりが募って眠れません。食欲も減退し、つねに憂うつな気分に支配されるようになります。たとえばかわいい子供と秋晴れの日に出かけても、全く楽しむこともできなくなります。

　ついには、出勤したり、寝床から起き上がる気力もなくなり、朝新聞を読むこともできなくなります（憂うつな状態は朝目をさましたときに最も重く、夕方から夜にはやや軽くなることが多くあります。）。

　もともと責任感が強いだけに、自分はすっかりだめな人間になってしまった、家族や会社にも大変な迷惑をかけていると思い詰め、自殺に至ることもあります。

　5）　笠原嘉「軽症うつ病」講談社現代新書、1996
　6）　上島国利編集「働く人のうつ病」中山書店、2008

実際、過重労働によりうつ病を発症し自殺に至る事例が電通事件判決（最判平成12年3月24日）以来注目され、これに対する労災補償制度も整備されてきたところです（平成23年に厚生労働省が「心理的負荷による精神障害の認定基準」を定めました。この基準においては、うつ病などの「対象疾患の発病前おおむね6か月の間に、業務による強い心理的負荷が認められること」などが要件とされ、心理的負荷の強度の評価にあたり、長時間労働やセクハラ被害などが重要な要素として掲げられています。)[7]。

しかし、このタイプのうつ病については、治療法が確立しており、休職して数ヶ月間の十分な休養をとり、医師の指示にしたがって抗うつ薬の服用を続ければ、ほぼ回復するといわれています。ただし、復帰を焦って休職期間を切り上げたり、一気に通常勤務に戻したり、服薬をやめたりすれば再発の危険が高まります。

通院・服薬を続けながら、リハビリ的な短時間勤務から始めて、関係者（本人、上司、産業医、人事担当者）で打ち合わせをしながら順次通常勤務に戻していくのがよいとされています。その詳しい進め方については、厚生労働省から「心の健康問題により休業した労働者の職場復帰支援の手引き」が示されています[8]。

また、本人が仕事一筋的な人生観を改めないと再発は避けられません。病気を教訓として生き方を振り返ることが必要となります。

(2) うつ状態

診断書などで「うつ状態」と記載されたものを見かける場合があります。これは、医師が診察した、ある時点における本人の精神的な状態全体（憂うつさが長く続き、何事にも意欲をなくし、仕事にも個人的な生活も生気のない状態）を抑うつ気分という中心的な症状で簡潔に表現したものであり、病名ではありません（身体についてなら、熱があり、のどが痛くて、体がだるいという症状全体を「発熱状態」とよぶようなものです（実際はそういう用例はありませんが。)。)

また、かつては「うつ病」に伴う精神病のニュアンスを避けるため、「うつ状態」とか「不眠症」といった婉曲な記載がなされたこともあるようです。

---

7) 第一東京弁護士会「メンタル疾患の労災認定と企業責任」労働調査会、2013
8) 中央労災防止協会編「心の健康　詳説職場復帰支援の手引き」2010

このように、確定診断がなされていない場合を含むにもかかわらず、しばしばうつ病と同義と解されて対処がなされています。その後の経緯を見守れば、一過性に終わる場合も、本来のうつ病と診断される場合も、さらには双極性障害などその他の病気と診断される場合も含まれるのであり、それぞれによって治療方針なども違ってきますので、注意が必要です。

3) 新型うつ病 [9] [16]

(1) 非定型うつ病

DSMにおいては、うつ病の中に、常に憂うつ気分が続くのでなく、楽しい出来事があるとこれに反応して気分が明るくなったり、食欲や体重が増加したり、眠りすぎたりなど、典型的なうつ病の特徴と異なる「非定型」のうつ病が記載されています。ただし、我が国ではこれまで実際にこのように診断される例は少なかったようです [10]。

(2) 新型うつ病

ところが、近時、未熟型 [11]、逃避型 [12]、退却型 [13]、現代型 [14]、ディスチミア親和型 [15] など多様に名付けられた、従来型のうつ病と異なるタイプのうつ病が報告されるようになり、若い世代を中心に増加してきているといわれています。職場での実感としても、同様ではないでしょうか。

「新型」の名称はマスコミ用語であり、正式な病名ではありませんが、その特徴と対策は従来型と大きく異なりますので、注意が必要です。各論者の主張から共通点をあげますと、若者に多く、病気になる前の性格も、わがままで自己中心的であり、仕事熱心でもなく、ただ「やればできる」という過度の自負心はあり、組織の秩序には抵抗を示すといった人物です。

---

9) 傳田健三「若者の「うつ」」ちくまプリマー新書、2009
10) 貝谷久宣＆不安・抑うつ臨床研究会編「非定型うつ病」日本評論社、2008
11) 阿部隆明「未熟型うつ病と双極スペクトラム」金剛出版、2011
12) 広瀬徹也「「逃避型抑うつ」について」宮本忠雄編「躁うつ病の精神病理2」弘文堂、1977
13) 笠原嘉「退却神経症 Withdrawal Neurosis という新カテゴリーの提唱」中井久夫・山中康裕編「思春期の精神病理と治療」岩崎学術出版社、1978
14) 松浪克文・山下喜弘「社会変動とうつ病」社会精神医学　14、1991
15) 樽味伸「現代社会が生む "ディスチミア親和型"」臨床精神医学34、2005
16) 吉野聡「「現代型うつ」はサボりなのか」平凡社新書、2013

症状は、憂うつ気分はあるものの、いつも満たされないで不平・不満を感じており（不全感）、何かやる気がおきないという倦怠感が強く、一方、自分の好きな活動（週末の趣味の活動など）には元気に参加することができます。そのような状態に陥った原因については、職場の仕事の与え方や同僚との関係など、他者に責任を求める他罰性が特徴です。

このタイプのうつ病については、これをそもそも厳格にいえば、詐病あるいは適応障害（後述）であるとする見解もありますが[17)−20)]、本人は主治医からうつ病との診断書を得て現れるので職場としては対処が迫られます。

治療法も、従来型の場合と同様の休養と投薬だけでは限界があるとされており、まだ確立した方法はありません。従来型のうつ病では、励ますことは自責の念を強めて自殺につながる可能性があるので禁忌とされていますが、治療・復帰への動機付けの弱い新型では「適度に背中を押す」ことが必要であるといわれています。また、生活リズムの調整に力点を置くべきであり、直ちに休養させずに業務負担を軽減させたり、休養させる場合も生活リズムを崩さないように過ごし方を指導することが必要であるなどの見解があります[21)]。

職場としては、職場生活の規律（出退勤など）は常識として指導しつつ、本人の適性・意欲にあった職場への配置換えなどを行い、徐々に組織に組み込んでいく他はないと思います。

ただし、他罰性が昂じて同僚を攻撃する行為を繰り返す者、職場の人間関係でうつ病になったと主張して配置換の要求を繰り返す者など、組織の規律を逸脱する者については、病気と関係なく厳しい指導が必要です。

4) 適応障害

生活上に発生したストレスに適応できず、抑うつ、不安などの症状を示すものです。

職場のストレスが原因ならば、その反応として発症したこと、すなわち、そ

---

17) 林公一「擬態うつ病／新型うつ病」保健同人社、2011
18) 中嶋聡「「新型うつ病」のデタラメ」新潮新書、2012
19) 岩波明「ビジネスマンの精神科」講談社現代新書、2009
20) 岡田尊司「ストレスと適応障害」幻冬舎新書、2013
21) 野村総一郎編集「多様化したうつ病をどう診るか」医学書院、2011

のストレスがなければ症状が起こらなかったと強く推測されることが必要です。したがって逆にストレスが取り去られれば回復するものです[20]。

　初期には病状は軽く、よいことや好きなことがあると元気が戻ることがあります。この点で憂うつな気分が長期にわたって持続するうつ病と区別されます。

　環境との不適合と本人のストレス耐性の弱さが原因ですから、投薬と休養だけでは解決できないことが多く、職場の異動（異動により不適応が生じた場合なら、元の職場への復帰）を検討するべきです。この場合、新しい仕事に慣れるまでの一過性のものか、そもそもその仕事に適応困難なのかを見極めるため、おおむね3ヶ月をめどに判断するとの見解があります[22]。上述のわがまま型の異動要求を排除するためにも適切であると考えます。

5）双極性障害 [23] [24]

いわゆる躁うつ病です。躁状態の程度の重いものを双極Ⅰ型、軽いものをⅡ型とよんでいます[27]。

　双極性障害は、うつ病とは全く経過や治療法が異なる病気であり、この患者に対してうつ病と誤診して抗うつ薬を投与しても、うつ状態に効かないばかりか、躁状態を誘発するなど症状を悪化させてしてしまいます。双極性障害には、躁・うつ両方の波を鎮める気分安定薬という別の薬を処方しなければなりません。

　ところが、双極Ⅱ型の場合、あまり躁状態が激しくなく本人が困らないので、軽躁状態の時には本人は調子がいいくらいに思っており、単なるうつ病と考えていることが多いのです。実際にうつ病と診断・治療され、その後躁状態が出現して双極性障害と診断変更されるケースも多いということです。

　うつ病で休職を繰り返すような人のうち、普段の人柄と変わって、連日短時間の睡眠で仕事を続けて平気だとか、極端に能弁になって周囲と衝突したり、金遣いが荒くなるなど衝動的な行動がみられたりする場合は、躁的な病状が本人から正確に主治医に伝わっていない可能性もあるので、産業医を通じるなど

22）　亀山知道「職場の適応障害」原田誠一編集「適応障害」日本評論社、2011
23）　岡田尊司「うつと気分障害」幻冬舎新書、2010
24）　加藤忠史「双極性障害」ちくま新書、2009

して、主治医にその状況を伝えることが望ましいと思います（ただし、本人の同意は必要です）[25]。

6）うつ病像の変化

うつ病については、かねて軽症化の傾向が指摘されてきましたが、さらに上述のように典型的な大うつ病の病像とはかなり異なるタイプが広く出現するようになりました。目前の患者への対応も重要ですが、そのような大きな病気の変化がどうして近年急速に起こったのかは大変興味深いテーマです。

まず、専門家の多くが指摘する事由として、DSM-Ⅲ（1980年）において操作的診断基準（列挙された症状のうち、○個に該当すれば、××障害と診断するという方式。）が導入された影響が大きいといわれています。これにより、伝統的診断でのうつ病にあたる「内因性うつ病」に加えて、本人の性格や環境の影響が大きく、抗うつ薬が有効でないといわれていた「神経症性抑うつ」や「抑うつ反応」まで、DSMの大うつ病性障害に含まれるようになり、うつ病の範囲が拡大し、内容も不均一となったというのです[26]。

しかし、病像自体の変化を指摘するものも多く、たとえば、双極Ⅱ型障害の広がりに関して、この障害はうつ病と双極Ⅰ型障害の中間というようなものではなく、ポストモダンの時代におけるうつ病の病理の本質的な変化を表すものであるとし、「新型」の一部もこれと強い関連をもっているという見解があります[27]。

現代型うつ病の登場については、高度成長後の社会において、コミュニケーション能力の有無で集団における評価が決まるようになり、社会的承認が得られないと不適応を起こすという現象であるとの見解もあります[28]。

現代の日本社会は、どこもかしこも若さ志向で、年の取り方がわからなくなっており、社会的な加齢と生物的な加齢のギャップが広がって心身に負担が生

---

25) 上島　前掲6）、p151
26) 松浪克文、上瀬大樹、秋久長夫「現代型うつ病をめぐる議論の行方」「臨床精神医学」2013.8
27) 内海健「双極Ⅱ型障害という病」勉誠出版、2013
28) 斎藤環「承認をめぐる病」日本評論社、2013

じ、メンタルヘルスの不調を招いているとの見解もあります[29]。戦後日本社会の変貌を幅広く考察しており、説得力があります。

　いずれの説も、事態は日本社会の不可逆的な変化に原因があるとみています。だとすると、今後とも、病気なのか本来の性格なのか曖昧なようなタイプの不適応現象に、職場は対処していかなければならないと思われます。

---

29)　熊代亨「「若作りうつ」社会」講談社現代新書、2014

memo

第2章

ハラスメントの概要

1. 一般のハラスメント
   1) セクシャルハラスメント
   2) パワーハラスメント
2. 心の問題が関係する場合
   1) 境界性（ボーダーライン）パーソナリティ障害
   2) 妄想性パーソナリティ障害
   3) 自己愛性パーソナリティ障害
   4) 発達障害
   5) PTSD
   6) 診断を受けない者の扱い
3. 意図的な攻撃
   1) クレーマー、モンスター
   2) 反社会的勢力
   3) 諸団体

1．一般のハラスメント

　ハラスメントとは職場の力関係を背景にした人権侵害です。力関係は職務上の上司と部下、教員と学生などの関係が多いのですが、専門知識の差、経験年数の差などを含みますので、同僚間、部下から上司へも生じることがあります。

1）セクシャルハラスメント

　これについては、男女雇用機会均等法第 11 条及びこれに基づく指針により定義が示されています。これには、職場において行われる性的な言動に対する労働者の対応により当該労働者がその労働条件につき不利益を受けるもの（対価型セクシャルハラスメント）と性的な言動により労働者の就業環境が害されるもの（環境型セクシャルハラスメント）とがあるとされています。

　さらに指針及び均等法施行通達においては、「職場」には当該労働者が業務を遂行する場所であれば、取引先の事務所、取引先と打ち合わせするための飲食店、顧客の自宅、取材先、出張先、業務で使用する車中等や勤務の延長とみられる宴会も含むとされています。

　「労働者」には、正規労働者のみならず、パートタイム労働者、契約社員等、事業主が雇用するすべての労働者をいい、受け入れた派遣労働者も含むとされています。

　対象行為である「性的な言動」とは、性的な内容の発言及び行動です。このうち、性的な内容の発言には、性的な事実関係を尋ねること、性的な内容の情報を意図的に流布すること、性的冗談、からかい、食事・デートへの執拗な誘い、個人的な性的体験談を話すこと等が含まれます。また、性的な行動には、性的な関係を強要すること、必要なく身体に触ること、わいせつな図画を配布・掲示すること、強制わいせつ行為、強姦等が含まれるとされています。なお、平成 25 年の改正で、セクシャルハラスメントには同性に対するものも含まれることが示されました。

　人事院規則 10-10（セクシャルハラスメントの防止等）の運用通知は、セクシャルハラスメントに当たるか否かは相手の判断が重要であること、職場の人

間関係がそのまま持続する歓迎会の酒席のような場でも起こりうること、職員間だけでなく行政サービスの相手方に対しても成立しうることなどを指摘するほか、ハラスメントの具体例を掲げており、公務員に関するものですが、職場一般について参考になります。

2) パワーハラスメント

(1) 概念

　この用語は我が国のコンサルタント会社の造語ですが、近時広く使われるようになり、厚生労働省の「職場のいじめ・嫌がらせ問題に関する円卓会議」の平成24年3月15日の提言及び同会議ワーキンググループの報告（平成24年1月30日）において、その概念や類型が示されました。

　これによれば、パワーハラスメントとは、同じ職場で働く者に対して、職務上の地位や人間関係などの職場内の優位性を背景に、業務の適正な範囲を超えて、精神的・身体的苦痛を与える又は職場環境を悪化させる行為をいうものとされています。

　その典型的な類型には次のようなものがあるとされます。

①暴行・傷害（身体的な攻撃）

②脅迫・名誉毀損・侮辱・ひどい暴言（精神的な攻撃）

③隔離・仲間外し・無視（人間関係からの切り離し）

④業務上明らかに不要なことや遂行不可能なことの強制、仕事の妨害（過大な要求）

⑤業務上の合理性はなく、能力や経験とかけ離れた程度の低い仕事を命じることや仕事を与えないこと（過小な要求）

⑥私的なことに過度に立ち入ること（個の侵害）

　このうち①はすべて、②③は原則として「業務の適正な範囲」に含まれないとされますが、④⑤⑥は業務上の適正な指導との線引きが容易でない場合があるとされています。

　一般に職務上の指導のかたちをとっている場合でも、そのやり方が相当性を欠く場合（大声で長時間叱る、同僚の面前で叱る、人格否定的なことばを使う、

机をたたいたり書類を投げつけたりするなど）、指導の対象となる職員の行為の程度と均衡を失する場合（些細なミスでどなりつけるなど）、特定人に対する悪意に基づく場合（特定人のミスだけとりあげる、継続的・執拗にいじめる、全く無視するなど）などは、ハラスメントに該当すると思われます。

(2) 普段からの観察の必要性

また、ハラスメントを行うような者は、その性格傾向に根ざしていることが多く、従来から暴言・いじめなどを繰り返している者が多いものです。事件以前の状況を調べれば、判断に役立ちます。

特に部課長などが、猛烈社員型であったり、権力を誇示して王様のように振る舞っていたりすると、被害は部下全員に及び甚大です。えてして上司からは仕事のできる有能な部課長と見える人が、部下に対しては過酷な指導をしている場合があります。人事責任者はふだんから各課内の職員とも接点をもち、状況を把握しておく必要があります。

さらに上層部がハラスメントを行う管理職を黙認しているような場合もあります。上層部の交代を待つか、転職を考えた方がよいでしょう。

2．心の問題が関係する場合

ハラスメントを常習的に行う者は、そのパーソナリティに問題があることが多いようです。一方、被害者はハラスメントの結果としてうつ病などになることがありますが、時には通常人を超えて心が傷つきやすいパーソナリティの持ち主が被害者として現れることもありますので、注意が必要です[1]-[3]。

---

1) 市橋秀夫監修「パーソナリティ障害（人格障害）のことがよくわかる本」講談社、2006
2) 牛島定信「やさしくわかるパーソナリティ障害」ナツメ社、2012
3) 林直樹、西村隆夫編集「医療現場におけるパーソナリティ障害」医学書院、2006

1) 境界性（ボーダーライン）パーソナリティ障害 [4)-6)]

(1) 概要

このタイプは、若い女性に多いとされ、「不安定さ」を特徴としています。感情の面では、親、友人、医師などに見捨てられるのではないかと強い不安を抱き、些細な相手の言動で見捨てられたと思い込み、必死に相手にしがみつこうとして、激しく怒ったり、落ち込んだり、衝動的な行動に出たりします。

その底には、不安定な自己イメージがあり、確かな自分が確立しておらず、慢性的に漠然とした不安や空虚さを感じているのです。

対人関係では、相手のよい面だけを見て賞賛し、理想化しますが、些細なことでも要求どおりにならなかったりすると、一転して、相手の悪い面だけしか目に入らなくなり、罵詈雑言をあびせ、こきおろします。こうしたことから、安定的な人間関係をつくることは困難で、支援者も去って行ったり、自分から指導教官や医師などを「侮辱を受けた」などといって次々と変えるといったことも起こります。

行動面では、強い不安の対処として、リストカット、過食、薬物乱用などの自己破壊的な行為に走ったり、家族に暴力をふるったりします。また、自分の処理できない葛藤や衝動を他人に押しつけて解消しようとするところがあり、周囲の人を巻き込んで、自分の思うように操作しようとします。入院した場合、病院のルールなども守らず、スタッフを振り回し、結果として病院内のチームワークがこわれてしまうこともあるということです。関係者間で対応の統一が特に求められます。

(2) 対応

治療への導入や継続がきわめて困難なタイプといわれ、敬遠する医師もいるということです（治療には少なくとも1〜2年間は専門家による精神療法を受け続ける必要があるとされています。）一方、症例としては増加する傾向にあり、精神科クリニックでももはやありふれた疾患とされるようになっています[7)]。

---

4) 牛島定信監修「境界性パーソナリティ障害のことがよくわかる本」講談社、2008
5) 林公一「境界性パーソナリティ障害」保健同人社、2007
6) 牛島定信編「境界性パーソナリティ障害〈日本版治療ガイドライン〉」金剛出版、2008

16

　職場や学校でもしばしばみかけるようになりましたが、正当な指導をも「傷つけられたからハラスメントだ」と主張して、多くの関係者に次々と相談を持ち込んで振り回した上、関係官署、マスコミ、外部の団体にまで訴えて騒ぎを大きくする者もいます。

　職場の上司・同僚などとして、このタイプの人からの相談を受ける場合には、次第に要求がエスカレートし、昼夜を問わず頻回に面談、電話などでの相談を求められ、業務に支障を生ずるおそれがあります。心身の不調の相談なら主治医などにすべきですから、上司らは職務上の相談に限り、日時・時間帯なども決めておくべきです。まして、自傷行為などの対応は職場ができることではありません。できることとできないことをはっきり相手に伝えなければなりません。このような「限界設定」は他の障害で問題行動を起こす者にも共通の対処のしかたです。

　また、心身の不調を口実に無断欠勤、職務放棄、同僚への攻撃など自分勝手な行動がみられることもあります。これに対しては、いかにメンタルの問題があっても職場のルールには従わなければいけないことを明確にし、勤務に支障があるようなら、休暇、休職の手続をとって治療に専念するよう指示しなければなりません。

(3) ハラスメント被害を申し立てる場合

　ハラスメントの定義について、「被害者の心を傷つければすべてハラスメント」というような解釈が広まり、ハラスメント申立の乱用事例が多発するようになっています。しかし、セクシャルハラスメントについて規定した厚労省の雇用均等法の改正施行通達（平成18年10月11日）でも「セクシャルハラスメントを受けた労働者が女性である場合には『平均的な女性労働者の感じ方』を基準…とすることが適当である」としています。境界性パーソナリティ障害の場合のように、平均的労働者より著しく傷つきやすい者が主観的に傷つけられたと主張したからといって、ただちにハラスメントに該当すると解するべきではありません。通常人でも傷つけられるような内容・程度・頻度の言動があったのかどうか客観的に認定すべきです。

　7）　林直樹「境界性パーソナリティ障害は common disease である」精神科治療学 26.9、2011

第2章　ハラスメントの概要　17

2）妄想性パーソナリティ障害

(1) 概要

根拠もなく、他人が自分に対し悪意をもっているという不信や疑念をもってしまうタイプです。常に自分が正当であると考え、周囲の意見に耳をかたむけないことから、職場の同僚とのトラブルが耐えません。自分のゆがんだ考え方を批判されると、過剰に反応して、相手を恨んだり、激しく攻撃したりします。ひいては、関係官署や裁判に訴えることもいといません[2]。

ささいなことでも執拗にこだわって攻撃を続けるところがあり、相手が謝罪しても容易に許しません（通りがかりの職員が悪口をいったとして怒鳴りつける、原稿の明らかな誤字を修正したら勝手に変えたと叱る、あげくに文房具が切れていたのも非常勤職員のいやがらせだ等と主張し、長年にわたり職場の職員全体を攻撃し続けていた例があります）。

(3) 対応

自分が病気であるという意識（病識といいます）は全くないため、医師の診療を受けさせることは困難です。

堂々と理不尽なハラスメントを続けているに等しいので、申立が出たら、客観的に事実を固め、毅然として処分を申し渡します。（処分にも承服しないことが多いのですが、どなりつけてでも本人に非があることを強く伝えるべきです。）。

あわせて（あるいは処分に先立って臨時の措置としても）、同僚職員の苦痛と疲弊を考慮し、本人の職務、勤務場所を変更するなどの措置が必要です。さらに攻撃を繰り返す場合は、警告を交えつつ処分を重ね、最終的に解雇にもっていくことも考えます。

3）自己愛性パーソナリティ障害

(1) 概要

誇大な自尊心を持ち、他人から賞賛されたいが、他人の気持ちには思いやりを持たないタイプです。自分の業績や才能について特別に優れていると思っていて、尊大で傲慢な態度をとり、自分にふさわしい華やかな成功を常に夢見ています。

また、周囲の人たちも特別な自分にふさわしく賞賛し、特別扱いするのが当然だと思っています。逆に他者に対しては思いやりがなく、配偶者や友人も自分の都合に合わせて利用する道具のようにしか考えていません。したがって、他人に批判されたりすると、屈辱感をいだき、激しく怒ります。また、周囲に優秀な人物があらわれると、嫉妬して攻撃します（「白雪姫」に出てくる女王様の感覚に近いと思います。）。

ある学校の教員で、学位を有していることを自慢し、いずれ大学教授になると思い込み、他の教員を馬鹿にしている者がいました。新任教員に優秀な人物が採用されると、ささいなミスを取り上げて会議などの場で長時間攻撃するなどし、退職に追い込まれる人も出ました。ハラスメントで訴えられましたが、全く自分が正しいと信じており、逆に訴えた人たちをハラスメントで訴えるという行動に出ました。

(2) 対応

このタイプの人たちも病識がないことが多く、治療への導入は難しいようです。加害行為についても、指導してあげているという認識なのです。ただし、周囲に対しては日頃傲慢な振る舞いをしていますから、支援者はいません。常識に基づいて事実認定し、処分する他はありません。このタイプの人物は強そうに見せていても、実は小心で、体面を気にしますので、第三者が介入すると抑止効果はあるといわれています[8]。

4）発達障害[9]

(1) 概要

発達障害とは、平成16年に成立した発達障害者支援法の第2条において、「自閉症、アスペルガー症候群その他の広汎性発達障害、学習障害、注意欠陥多動性障害その他これに類する脳機能の障害であってその症状が通常低年齢において発現するものとして政令で定めるものをいう」とされ、同法施行令第1条において「言語の障害、協調運動の障害」が定められています。

このうち広汎性発達障害は、相互的な対人関係の障害、コミュニケーション

---

8) 岡田尊司「パーソナリティ障害がわかる本」法研、2006
9) 中山和彦、小野和哉「よくわかる大人の発達障害」ナツメ社、2010

の障害、興味や行動の偏り（こだわり）の3つの特徴を有しています。自閉症はこの3つの特徴を典型的に有し、幼児期から症状が現れ、療育の対象となります。これに対し、アスペルガー症候群は、言語の発達の遅れを伴わず、知的発達の遅れもほとんどない比較的軽症の類型です。このため、対人関係の困難などの問題を抱えつつも、成人になって社会生活を営むようになるまで異常に気づかれなかった例が多いのです。ただ、両者の境目は明確でなく、近時のDSM-5においては、従来の広汎性発達障害全体に相当するものを自閉症スペクトラムと総称することとなりました。

　アスペルガー症候群のような軽症のタイプの場合、就職してから様々な困難に直面するため、近時「大人の発達障害」として注目されるようになりました。その症状としては、社会性の障害のため、状況や相手にかかわらず自分の思うように行動してしまい、マナーやルールに反することになります。コミュニケーションの障害のため、他人と共感したり、意思疎通を図ることが困難です。生活や仕事を一定の手順でやることなどに頑固にこだわり、突然の変更によっ

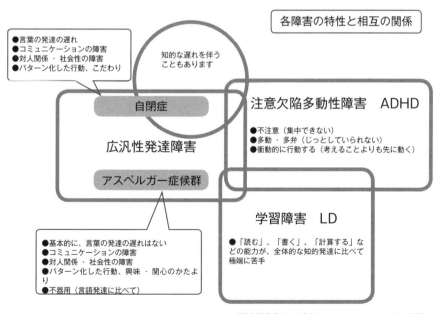

（国立障害者リハビリテーションセンターHP参照）

てパニックをきたしたりします。聴覚、視覚など各種の感覚が過敏で、周囲の雑音や通常の部屋の明るさに耐えられなかったりすることもあります[10)][11)]。

(2) 対応

これらの結果、社会的不適応を起こし、上手に乗り越えることができず、リストカット、薬の大量服薬などの衝動的行動を起こすことがあります[12)]。このような場合、その時点で医療の対象となって診断されると、① all or none 思考、②特に（心理的に）距離の近い人に対する不安定な対人行動・言動、③会話で誤解が生じやすいなど、境界性パーソナリティ障害とよく似たところがあり、実際そのように診断・治療されてかえって悪化している例も多いようです[13)]。両者の鑑別には、親からの生育歴の聴取が欠かせないとされています。

素人による判断は到底無理ですが、境界性パーソナリティ障害の場合と異なり、発達障害の人は、治療者との間に信頼関係ができていれば、厳しい意見をいっても素直にきいてくれるとのことです[14)]。職場においても、不安定な行動をみて直ちに境界性パーソナリティ障害と決めつけて身構えず、まずは冷静に問題行動の中止や医師への受診などの話をしてみて、聞き分けるようであれば、発達障害よりの理解で対応していくことが考えられるのではないでしょうか。

5）PTSD[15)]

PTSD とは、Posttraumatic Stress Disorder の略であり、心的外傷後ストレス障害と訳されています。

戦争、犯罪、災害、事故などにより、生命に関わるような危険を体験して、心に深い傷が残り、長期間を経ても、恐怖の記憶を思い出し、苦しみ続ける状態です。フラッシュバックといって事件・事故の様子を生々しく再体験したり、現場や関係者を避けようとしたり、常に緊張して物音をこわがったりなどの症状が 1 ヶ月以上続くと、この障害と診断されます。

10） 青木省三「ぼくらの中の発達障害」ちくまプリマー新書、2012
11） 原田豊「大人のアスペルガー、子どものアスペルガー」東京図書出版、2013
12） 宮岡等、内山登紀夫「大人の発達障害ってそういうことだったのか」医学書院、2013
13） 和迩健太、青木省三「ボーダーラインと発達障害」「そだちの科学 13」おとなの発達障害、2009
14） 山崎晃資「キャンパスの中のアスペルガー症候群」講談社、2010
15） 飛鳥井望監修「PTSD とトラウマのすべてがわかる本」講談社、2007

我が国では阪神大震災以後注目されるようになり、トラウマということばが流行語のように使われている面があります。しかし、トラウマ体験とは、衝撃的で、通常の適応行動では対処できない、心が耐えられないほどの出来事です。このような体験に曝されたときの反応のうち、上述のように①過覚醒、②再体験、③回避、④否定的認知・気分という症状が1ヶ月以上つづいているものをPTSDというのです。単にプライドが傷ついたというようなレベルではなく、言葉にもならないようなものです。

 子供の虐待などからも生じえますが、大人が上司などから1、2度叱責を受けたくらいで発症するものではありません。被害的なパーソナリティの人は、ささいな出来事でトラウマになったといいたてることがあるので、注意が必要です[16)][17)]。

6) 診断を受けない者の扱い

 以上を通じて、メンタルヘルスの問題が加害者にあると考えられる場合であっても、本人が受診を拒否しており診断が出ていない場合は、通常の人間が行った行為として処置を考えるのが、人権を尊重する社会においては原則でしょう。

 刑事責任の場合であっても、統合失調症でも責任無能力とされるのは幻覚妄想などによる行為の場合ですし、ましてパーソナリティ障害の場合は原則として完全責任能力とされています[18)][19)]。

 したがって、組織の他のメンバーと同じ規則に則って処理することとなります。

---

16) 宮地尚子「トラウマ」岩波新書、2013
17) 金吉晴「心的トラウマの理解とケア 第2版」じほう、2006
18) 野村、樋口 前掲第1章2)、p193
19) 石井妙子監修「Q&A 職場のメンタルヘルス」三協法規出版、2013、p217～

3．意図的な攻撃

　職員の中には少ないと思いますが、心の問題を持つかどうかにかかわらず、意図的に職場やそのメンバーを攻撃しようとする者がいます。メンバーがこういう者を引き込むこともあります。その意図を察知して的確に対処することが必要です。

1) クレーマー、モンスター

(1) 概要

　これらは、企業の商品・サービスや行政窓口・学校・病院などの対応についての苦情に名を借りて、執拗に不当な要求や嫌がらせをくり返す人々です。

　その目的からすると、金品目的型とストレス解消型に分かれます[20]。人物としては、①正常圏内の人、②病気の人、③クレームのプロに分かれます。

(2) 対応

　いずれに対しても、基本は、こちらの見解を丁寧に説明し、不当な要求に応じないことです。相手が誹謗中傷や脅迫をしたり業務妨害行為を行う場合は、要求を拒絶し、交渉窓口を弁護士に移管する旨の文書を送付します。心の病気とみられる人には、事務的に対応する他ありません。反社会的勢力に対する場合については次項に述べます[21]。

　一般に、このような人物と交渉する場合は、最初から対等、平等の立場を貫く（当方に非があったとは決まっていないのだから）という「位取り」が大事だといわれます。

　その他留意すべき事項としては、
・クレーム内容についての正確な事実の把握が基本となること
・面談・電話などに対応するか、場所・日時・対応者をどうするか、対応開始後状況によって打ち切るかなどは自由であること
・対応に当たっては正確な発言と記録をこころがけること

---

20) 関根眞一「ぼくが最後のクレーマー」中公新書ラクレ、2008
21) 横山雅文「プロ法律家のクレーマー対応術」PHP新書、2008

などがあげられます[22) 23)]。

なお、医療機関に対するクレームは特に激しいようで、懇切な撃退法マニュアルがあります[24)]。

2) 反社会的勢力[25) 26)]

これに対しては、企業や行政の窓口における、いわゆる民暴対策によることになります。

その要諦は、次の通りです。
①威圧にひるまず毅然とした態度で対応すること
②担当者を孤立させてはならない。複数人で組織的に対応すること
③不当要求は拒絶すること
④交渉は記録をとること
⑤庁舎に居座って帰らないなら不退去罪または威力業務妨害罪にあたる。連日の押しかけや街宣行為は仮処分で止められる。状況を見て、警察、弁護士に連絡をとって対処すること

ハラスメントの場合でも、支援者と称してこういう人がついてくることがありえます。当事者でないのだから、交渉の相手とせず、ただちにお帰りいただくべきです。

---
22) 藤井勲「クレーム・トラブル対応・解決指南」企業開発センター、2008
23) 森山満「クレーム処理と悪質クレーマーへの対応」商事法務、2008
24) 深澤直之「医療現場のクレーマー撃退法」東京法令出版、2012
25) 行政対象暴力問題研究会編著「行政対象暴力Q&A　改訂版」ぎょうせい、2010
26) 日弁連民事介入暴力対策委員会「民暴対策Q&A　第4版」きんざい、2008

3）諸団体

これもハラスメント被害の支援者として現れます。ハラスメントなどについては、個人の問題でなく、社会の問題であるという思想で支援にあたっている団体もあり、これが他罰性の強いメンタリティの人物と結びつくと、本人の心身の不調のすべてについて因果関係の証明もなく職場の責任にされることもありえます。

第3章

ハラスメントの対処方法

1. 緊急措置
   - (1) 心の病に対する緊急措置
   - (2) ストーキングへの対応
   - (3) ネットによる誹謗中傷への対応
2. ハラスメントの処理手続
   - (1) 手続の流れ
   - (2) 初期対応
   - (3) 調査段階
   - (4) 措置段階
   - (5) 公表・マスコミ対応

1．緊急措置

1）心の病に対する緊急措置

（1）精神保健福祉法に基づく入院 [1]

a．任意入院

　　心の病と思われる人が、職場で暴れたりしている場合は、どういう手段がとれるでしょうか。関係者だけで落ち着かせることができなければ、警察官を呼ぶほかありません。警察官が保護した後は、精神保健福祉法に基づき、精神病院への入院が行われます。本人の同意があれば（同意の能力があった場合）「任意入院」となります。

b．医療保護入院

　精神保健指定医の診察により、精神障害者であること、医療保護のために入院が必要と認められること、本人が入院の必要性について適切な判断ができない状態にあることという要件を満たし、家族等（配偶者、親権者、扶養義務者、後見人又は保佐人）の同意を得れば「医療保護入院」となります（なお、従来の「保護者」の規定は平成25年の法改正で削除され、「家族等」に関する規定が設けられました。）。

　同じ要件を満たすが、家族等の同意が得られないときは、72時間を限って「応急入院」させることができます。その間に家族等の同意が得られれば、「医療保護入院」に移行することができます。

c．措置入院

　自傷他害のおそれのある精神障害者について、一般人からの申請、警察官からの通報などがあった場合（窓口は保健所）、知事は、指定医2名に診察させ、その者が精神障害者であり、「自傷他害のおそれ」があるとみとめられることについて診察結果が一致すれば、強制的に「措置入院」させることができます。

　このような該当例は職場では少ないでしょうし、暴れていても警察や保健所が到着した時点で本人が落ち着いていれば、措置入院には消極的対応がみられるといわれますから[2]、あまり活用の機会はないかもしれません。

---

[1]　日本精神神経学会「臨床医のための司法精神医学入門」新興医学出版社、2013
[2]　朝日隆、山口登、堀孝文編集「精神科医療トラブルシューティング」中外医学社、2008

(2) 就業禁止

かつて労働安全衛生法第 68 条に定める事業者が行う就業禁止について、同規則第 61 条で、伝染病などと並んで「自傷他害のおそれのある者」が定められていましたが、同規則の改正（平成 12 年 3 月 30 日施行）により削除されました。

これは医療専門家でない事業者に自傷他害のおそれの判断をさせることは困難であり、知事の措置入院にゆだねることとしたものとされています。だとすると、就業規則で独自に従前どおりの規定を残しておいても、これを適用することは困難であると思われます[3]。

(3) 自宅待機命令

前項（1）（2）の手段が使えないとしても、職員が明らかに精神疾患に罹患しており、業務に堪えないと認められるときは、使用者の判断により、緊急の対応として、自宅待機命令を発することができると考えられます[4]。ただし、緊急の措置ですから、期間を定め、その後産業医の診察を経て休職などの措置に移行する必要があります。

2) ストーキングへの対応[5]

ハラスメント行為が職場外に拡大したり、被害者が調査の申立をしたことの報復として、相手に対するストーカー行為が行われている場合は、ストーカー規制法に基づく対処が可能です。

対象となるストーカー行為とは、相手へのつきまとい・待ち伏せ、監視していると告げる、面会・交際の要求、乱暴な言動、無言電話、連続した電話・電子メールなどを繰り返して行うことをいいます。電子メールについては平成 25 年の改正で追加されたものです。

このような行為があったときは、警察署に申し出れば、署長から加害者に対して、その行為をやめるよう警告してもらうことができます。これに従わない

---

3) 井上浩「労働安全衛生法詳説」経営書院、2006
4) 石井　前掲第 2 章 19)、p221
5) 馬場・澤田法律事務所編「弁護士に聞きたいストーカー・DV の問題 Q & A」中央経済社、2010

ときは、公安委員会から禁止命令が出され、これにも従わない場合は刑罰が科せられます。また、被害者が告訴すれば、刑罰が科せられます。

3）ネットによる誹謗中傷への対応[6]

インターネット上のホームページや掲示板に個人を中傷するような書き込みがなされた場合は、プロバイダ等に対し当該情報の削除又はこれを発信した者の情報の開示を求め、さらに開示情報に基づき発信者に対し削除などを請求していきます。

ただし、プロバイダ等は裁判上の請求でないと応じない傾向があるとのことです。また、発信者情報は保存期間が法定されておらず、数ヶ月で消去されるのが通常です。したがって、手続の早い仮処分の申立によるのが比較的適当だとされています。

なお、名誉毀損罪などで刑事告訴する途もありますが、捜査当局は一般に告訴の受理についてきわめて慎重です。

ただし、中傷情報がその内容や状況から内部の特定の者の行為であると考えられる場合は、その者に関する調査により対処する方が効果的でしょう。

2．ハラスメントの処理手続

1）手続の流れ

各組織の規程によりますが、以下の流れで進むのが一般的です。
①当事者に対する助言・指導
②和解の斡旋や調停
③事実調査によるハラスメントの認定
④加害者への懲戒処分、被害者への謝罪・不利益回復、環境調整

以下、各段階ごとの留意点を述べます。

6）畑中鐵丸法律事務所「企業ネットトラブル対策バイブル」弘文堂、2012

2) 初期対応

ハラスメント相談員を経由してハラスメントの相談が担当部門に入ってきたときの初期対応はきわめて重要です。

(1) 当事者の特質の見極め

　まず、事案の性質、加害者（場合によっては被害者）の特質の見極めが必要です。事実に疑いがなく、加害者に過去に同種事案の経歴がほとんどないような一過性・偶発的事案の場合は、直ちに所属部署の上司を通じて注意します。素直に事実を認め、謝罪するようであれば、それで一件終了となりますし、事実そういうケースが多いのです。抵抗する場合は、ハラスメント調査手続に移行すること自体が本人や被害者にダメージを与えることを説明し、説得します。

(2) 常習者等

　常習的な者、悪質な者は、公式の手続に乗せて処分まで持ち込まないと、その組織ではハラスメントをしても罰せられないのだと誤った学習をして、繰り返すことになります。被害者の中には報復を恐れて申立を躊躇する者もいます。調査手続などの負担もあるので、最終的には本人の意向によりますが、放置した場合の被害拡大を阻止するため、報復行為からは絶対に当局が守ることを被害者に確約して、調査手続に持ち込むべきです。

(3) メンタルの問題を有する加害者

　加害者が精神の病気と思われる場合、受診を勧めるのは試みてもよいですが、前述のように病識が全くないタイプは、これに従いません。その場合、家族を通じて勧めてみたらよいともいわれますが、往々にして家族もパーソナリティに問題があったり、本人の話を信じ込んで応じないことが多いのです。医師やカウンセラーは本人が診察に訪れない限り、アドバイスをしてくれるだけです。ハラスメント担当部門が腹を決めて対応するしかありません。私の経験では、エネルギーは消費しますが、10年もほったらかされていた手に負えない事例でも、暴力を受けたことはありません。（あったとしても、本人の罪状が重くなるだけです。責任能力が問われるような事例、すなわち警察のご厄介にならなければならない事例でなければ、相手が手を出すことはないでしょう。）

(4) 被害者の見極め

　被害者と名乗る者からの相談であっても、直ちに事実とは限りません。上述

のボーダーラインの場合など、常識的に見て許容範囲内と思われる言動をハラスメントと受け止め、自分の方からも挑発的な言動をしたことなどの文脈抜きに、申し立ててくることもあります。

その他、上司などを攻撃する目的で架空のあるいは誇張した申立をする者もいます（自分の勤務態度の問題を是正指導されているのに反発して、このような行為に出た例もありました）。関係者に非公式に聞き取りをしてみて、全くの作り話のような場合なら、調査手続に進まずに終えることもあってよいと思います。逆にどうしても調査手続に固執するようなら、慎重に調査を行うべきです。

(5) 緊急救済措置

これと関連して、申立者に対する緊急の救済措置のあり方が問題となります。被害者への医療・相談の機会の提供、職場上司への情報提供・指導、現にハラスメントが継続している場合に当事者を引き離すための一時的な配置換などが考えられます。ただし、事実関係自体が争われている場合もありますから、あくまで事実認定の確定までの暫定的な措置の範囲に留められるべきですし、過度に被害者救済に傾斜しないよう注意が必要です。

3）調査段階

(1) 調査主体

企業等の場合なら、コンプライアンス部門や人事部門が調査を行うことになっていることが多いと思われますが、大学などの場合は、個別事案ごとに調査委員会を組織することになっています。これは、事案に応じて利害関係者を外したりする上では意味がありますが、メンバーが経験不足で適切な調査を行えなかったり、いたずらに調査が長期化したりする事態を招いています。かといって毎回の事情聴取などを弁護士に依頼したりすれば膨大な費用がかかります。学外出身の理事や事務局幹部に法律知識を有し中立的な立場の人物を置き、これを常任の委員とし、調査委員会の主要メンバーも理事などを中心に固定化する方がよいと考えます。彼らの調査になお偏りなどがないかは、評議会などでの審議と、顧問弁護士に報告書をチェックしていただくことにより、十分担保できると考えます。

ハラスメント相談員が調査員を兼ねるのは避けるべきです。相談員はあくま

で被害者の相談役で、中立に事実認定を行う立場と両立しないためです。また、委員構成について、性別、所属などのバランスも考慮する必要があります。

なお、全くの第三者委員会でなければ中立公平といえないとの意見をきいたことがありますが、これは組織ぐるみの不祥事などにふさわしいものであって、ハラスメントのような日常の人事労務管理上の問題については、内部調査で十分です[7]。

(2) 調査の進行[8]

a. ヒアリング

調査日時については業務に差し支えないよう一定の配慮は必要ですが、「忙しい」だけで日程設定に応じないような者には、「○月○日までに調査に応じない場合はハラスメントの申立に異存なきものとみなします」といった文書を出して、進行を図るべきです。

裁判でも口頭弁論といいながら書面を活用しているように、調査の能率のためには、加害者とされる者や証人にも書面で陳述書を出してもらい、これに基づいて調査を進めるのが能率的です。

加害者とされる者の防御機会の確保のために、ハラスメント申立書を開示せよとの要求が出る場合があります。証人に対する威迫につながったりするおそれがあるので、申立書そのものの開示は適切でないですが、相手に十分弁明の機会を与えたといいうるためには、その要旨は示しておく必要があると考えます。

調査の目的は、申立の内容を加害者とされる者に認めさせることではありません。この点について、加害者の自白がないと事実認定できないとの思い込みがしばしば見られますが、刑事事件ですら、自白のみによって有罪とされることはない（刑訴319②）とされるだけで、自白以外の証拠に基づき有罪とされることは当然ありえます（でなければ否認事件はすべて無罪ということになってしまいます）。ハラスメントの事実を加害者とされる者が争ってくる場合は、衆人環視のなかで公然と行ったような場合でも平気で否認してくるのが普通であり、自白などなくても十分認定できます。あえて調査の場で議論して自白を

---

7) 日弁連弁護士業務改革委員会編「「企業等不祥事における第三者委員会ガイドライン」の解説」商事法務、2011
8) 小林総合法律事務所編「不正調査の法律問題」弘文堂、2011

強要したかのように後に主張されることは適切でないと思います。

　加害者とされる者から調査に弁護士の同席を求められた場合はどうすべきでしょうか。ハラスメント調査は任意の協力による調査であり、調査時間も限られ、身柄を拘束されているわけでもないのですから、人権侵害のおそれはなく、弁護士など本人以外の同席はその必要もなく、断るべきです。

　ヒアリング時間は1回せいぜい2時間程度とすべきです。申立事項が多くても、そういう場合ほど全部否認となりやすく、これ以上の時間を要する場合は少ないのです。

　証人のヒアリング中に、自分も同一人物の被害に遭ったとの申立が出てくることがよくあります。合わせて事実認定して、報告書に加えればよいです。

　加害者とされる者から申立人や証人の側を加害者としてハラスメントを受けたとの申立が出てくることもあります。いいがかりか妄想であって証拠もほとんどない場合が多いのですが、申立である以上調査は行う必要があります。当初の申立人側に認否を求め、同じ報告書で処理すればよいです。

　ヒアリングは相手の了承を得て録音すべきです。抵抗する場合には、これが公正な調査を保証することになると説得します。なお、録音は調査の時間だけに限定すべきです。終了後の雑談が録音されており、後の裁判で調査員と証人との癒着を追及された経験があります。

b. 調査資料の収集

　横領などの不祥事の場合、パソコンのデータの調査、防犯カメラによる調査、筆跡鑑定、所持品調査などの捜査的な手法の是非が問題になります。

　ハラスメントの場合も中傷文書を職場で作成していた疑いがあるような場合は、同様の問題があります。組織の所有するパソコンの場合、誹謗中傷メールの発信元であるパソコンに関するメールデータを調査当局が調査することは、判例も認めています（日経クイック情報事件・東京地判平成14年2月26日。）

(3) 調査の終結

a. 調査期間

　調査期間は大学等の例では3ヶ月程度としているものが多いのですが、調査委員会の設置までの手続などを考えると到底無理です。ただし、いかに複雑な事件であろうとも1年以内には終結すべきです。この意味でも調査委員会の開

催頻度をあげねばならず、調査委員の主要メンバーの固定が望まれるところです。

b. 弁明の機会

大学などの手続では、調査委員会の報告書提出後、さらに評議会のもとで処分審査の手続が続きます。加害者とされる者の側からすると、初期に調査委員会から聴取を受け、その後処分の最終段階で弁明の機会を与えられるだけで、十分に防御の機会を与えられていないという不満が強く表明されたことがあります。このため、私が在職したある大学では、報告書をまとめたとき2週間の期間を区切って当事者双方にそれを通知し、異議申立ができることとしました。予想に反して意見が表明された例は当時ありませんでした。報告書が不正に流通したりすることを抑制し、後に訴訟になっても事実関係の争いを防げるという意味で有効であると考えます。

c. 事実認定

事実認定において要求される立証の程度については、民事訴訟において要求される程度の立証、すなわち「高度の蓋然性」の立証を要し、かつ、それで十分であるとされます。要するに、顧問弁護士に報告書を見せて、「これなら裁判になっても負けないでしょう」と評価されればよいということです。

調査を尽くしても事実認定困難な時はどうするべきでしょうか。セクハラについての厚労省指針は、均等法第18条の調停手続など中立な第三者機関に紛争処理をゆだねるよう求めています。ハラスメント一般について同様でしょう。労働審判も考えられます。ただし、再度の聴取などの負担を負う被害者の意向を確認する必要があります。

4）措置段階

（1）処分

事実ありと認定されれば、その程度に応じて加害者に対し、懲戒処分または厳重注意などの指導を行います。処分の量定については、先例によって案を作成し、顧問弁護士にも相談の上決することになりますが、当然事案の性質によって幅があります。ある弁護士は「『どうしたらいいでしょうか』ときかれると、最も安全な方策しか助言できない。どうしたいのかをいってくれれば、そ

れに応じた助言をする」と述べていました。要するに使用者としての決断が大事ということです。

　なお、対象者が処分書の受取を拒否し、出頭しない場合はどうしたらよいでしょうか。

　配達証明郵便で郵送することが考えられますが、それも相手が受領拒否する場合や自宅に不在の場合がありえます。対象者の居所が明らかであるならば、こちらから赴いて本人に直接手交するのが確実です。全く行方不明ならば、公示送達の手続（前掲　第1章1.）によるほかありません。

(2) 関連した措置

　被害者の求めに応じて、加害者から謝罪するよう促すこともあります。加害者がハラスメントの何たるかを全くわかっていないような場合は、研修を課します。

　当事者を引き離すための人事異動も考慮されるべきです。新しい環境に移るのは心理的負担を伴うものですから、被害者が特に望まない限り、異動させるのは加害者であるべきです。

　なお、大学で停職処分終了後も被害者の心情などに配慮して、加害者の授業担当をはずし、研究に専念するよう命じた事例があります。ただ、これも長期に及ぶと二重の処分として違法とされることがあります（処分終了後1年半あるいは2年経過した場合につき違法とした判例があります。鳥取大セクハラ事件・鳥取地判平成16年10月12日、お茶の水女子大セクハラ事件・東京地判平成17年6月27日）。再犯のおそれが高いとしても、無期限に隔離しておくようなことはできませんので、再犯時の処置について厳しく警告の上復帰させ、それでも行う場合は解雇で臨むことになるでしょう。

(3) 監督者への措置

　また、職場内でハラスメントが行なわれているのを認識しつつ放置していた上司も処分の対象とすべきですし、職場環境の改善を考え異動させるべきです。そもそもそのような人物は管理職の資格がないというべきですから、下位の職に降任してもよいのです。降任については判例上、人事権行使として使用者に広範な裁量権があるとされています（エクイタブル生命保険事件・東京地決平成2年4月27日、星電社事件・神戸地判平成3年3月14日など）。国立大学

などでは、公務員時代の身分保障の感覚が残存しており、限定された場合しか不利益処分はできないとの思い込みがありますが、労働法体系下では上述のとおりであり、地位に安住して部下を見殺しにするような者はしかるべき処遇を受けて当然です（参照　東京芸大事件・東京地判平成 24 年 8 月 30 日)[9]。

(4) 不利益の回復

　ハラスメントにより被害者に生じた不利益については、必要な救済措置を講じます。ただし、人によっては、ハラスメント以前から発症していた心の病についての賠償を求めたり、自分と相談の上で加害者の属する組織の人事刷新を行えなどという法外な要求をしてくる例もあります。被害者の要求イコール組織としてとるべき措置ではないことに留意し、社会通念上相当な範囲で対処すべきです。

5) 公表・マスコミ対応

(1) 公表

　国立機関の場合は、人事院の示す基準に従い、職務上及び職務関連行為についての処分すべて及び職務関連外行為についての免職又は停職処分を公表しているのが通常でしょう。また、発表内容は、個人が識別されない内容とするものとされています。セクハラ等で実名の公表をマスコミが要望することも多いのですが、処分の目的は本人を再起不能にすることではないのですから、こちらから氏名を公表する必要はないでしょう（マスコミ側の判断で実名報道されることはあります）（「懲戒処分の公表指針について」人事院　平成 15.11.10 参照）

(2) 記者会見

　記者クラブに資料提供すると、記者会見を求められることがあります。人事担当役員、不祥事の発生部署の責任者など 3 名程度が出席します。（広報担当と称してメモの読み上げしかできない者が出るのは見苦しいと思います。トップの出席は原則必要ないです。トップの名で反省のコメントを発表資料に掲載しておけば、マスコミは納得します。）

　冒頭、起立して「このたびは、…ご迷惑をおかけし、誠に申し訳ありません

---

9)　石嵜信憲編著「配転・出向・降格の法律実務」中央経済社、2008

でした」と謝罪し、頭をさげます。シャッター音が続く間は頭を上げないよう注意します。

　ここで謝罪することについて、法的責任を認めることになるとの誤解がありますが、これは世間をお騒がせしたことについてお詫びをしているだけであって、法的責任を認める趣旨ではありませんので、心配はいりません[10]。

　その後事件と処分の概要を説明し、質疑を受けます。具体的なハラスメントの事実などをきかれますが、当事者の特定につながらない範囲で、正直に説明した方がよいと思います。

　表情には注意が必要で、まちがっても笑ったりはできませんし、怒っても泣いてもおかしいです。ひたすら厳粛な表情を保持するしかありません。ただ、表情の保持に努めていると、不思議と心も冷静さを保てます

(3) マスコミ報道が先行した場合
a. 報道により事件が発覚した場合

　ハラスメントの例では比較的少ないと思われますが、もし報道されれば、追いかけるマスコミ他社から問い合わせが続くことが考えられます。「速やかに調

---

10) 中島茂「その記者会見間違ってます」日本経済新聞出版社、2007

査を開始し、事実が確認されれば、適正な措置を講ずる」旨のコメントを発表し、通常の調査手続に入ります。

b. **調査中に報道された場合**

調査が長期化して当事者が不満を募らせた場合や、とにかく相手方にダメージを与えたい場合に、マスコミにリークがなされ、報道される場合があります。

調査が継続中である以上、「速やかに調査をまとめ、事実が確認されれば適正な措置を講ずる」旨のコメントを出し、調査を続けます。

作成中の調査報告書など重要な情報が流出し、経路が明らかである場合、調査体制の再編が必要である場合があります（調査委員長自ら一方当事者に報告書案を流していた例もありました。）。

memo

第4章

ハラスメントの処置後の対応

1. 交渉等
2. 訴訟―加害者側からの訴え
    1）訴え提起まで
    2）訴訟の提起
    3）争点及び証拠の整理
    4）判決
    5）訴訟上の和解
    6）控訴審
    7）上告審
3. 訴訟―被害者側からの訴え
    1）請求の根拠等
    2）損害賠償の範囲
    3）差し止め請求
4. 労働審判
    1）制度概要
    2）本手続の利用について
5. 仮処分
    1）制度概要
    2）手続
6. 裁判外の個別労働関係紛争処理
    1）都道府県労働局による相談・あっせん手続
    2）府県労働委員会によるあっせん

1．交渉等

　処分が重すぎるとする加害者側、処分が軽すぎるとする被害者側双方から、是正の要求がありえます。また、被害者側からは前述のように、損害賠償、不利益救済、組織体制の改善要求などがありえます。処分を変更するわけにはいきませんし、関連要求には、法的にみて合理的なものについて対応します。

　要求に応じなければ、所管省庁に通報するぞ、裁判をおこすぞといわれる場合も多いのですが、当方が処分事由に該当する事実を証拠により確認し、必要な手続を踏み、加害行為等に照らして相当な処分を選び、合理的判断を下した結果について、裁判等でくつがえることはありえません（労働契約法15条、16条　判例多数）[1]。どうぞおやりくださいといえばよいことです。

　我が国には「裁判沙汰」ということばがあるように、裁判が起きていること自体を不名誉なことと感じる方もおられますが、いかに自らは正しい振る舞いをしていても、社会的な紛争に巻き込まれることはあるわけですから、訴訟となっても堂々と対応すればいいことです。

　所管官庁などに申告があり説明を求められた場合も全く同じです（ただし、交渉の記録などの資料を編集して、当局が不当な対応をしたかのような通報をするケースがありますので、当方として偏りのない資料を用意し、説明をしていく必要はあります。）。

2．訴訟─加害者側からの訴え

1）訴え提起まで

　以下、懲戒解雇を加害者側が争う事例を想定して解説します。

　まず、加害者の代理人となった弁護士から内容証明で受任通知が届きます。その事件について自らが代理人として選任されたので、以後自分が窓口となって交渉を行うこと、そのほか、事件に

1）石井妙子、西濱康行、石井拓士「懲戒処分　適正な対応と実務」労務行政、2013

ついての主張を述べ、解雇は無効であるから撤回せよ、○○日までに対応しなければ、法的手段をとるといった内容です。私の知る例では、わざと多数の弁護士の連名の形とし、独自の法理をとうとうと述べて、高飛車に処分撤回を迫る例がありました。要するに相手を威圧して訴訟を避けようとしているものですので、何ら恐れるにたりません。結果は裁判では当方は一言一句負けませんでした。むしろ、訴状の内容を先に教えてくれることとなり、準備に役立つともいえます。こちらも弁護士名で、解雇の正当性や先方の主張に対する反論を述べた回答書を送ります。

　その後、弁護士間で、面談による交渉が行われることもあります。双方が裁判回避の努力をしたというかたちづくりという側面と、先方が最もこだわっているところ（ひいては落としどころ）をつかむ意味があるでしょう。

2）訴訟の提起 [2][3]

（1）訴状

　原告（加害者）が訴状を裁判所に提出します。冒頭の「請求の趣旨」という箇所に原告の求める裁判の内容が示されます。

　解雇を争う場合は、次のような内容になります。

① 　原告が、被告に対し、雇用契約上の権利を有する地位にあることを確認する

（解雇が無効だということを前提に、現在も雇用関係にあることの確認を求めているものです。ちなみに、解雇以外の懲戒処分の場合は、ここが、「懲戒処分の無効を確認する」となります。）

② 　被告は、原告に対し、○○円…の金員を支払え（解雇以後の賃金）

③ 　訴訟費用は被告の負担とする

④ 　②につき仮執行宣言を求める（勝訴の際、判決が未確定でも執行できるよう求めるものです）

---

2) 山口幸雄、三代川三千代、難波孝一編「労働事件審理ノート第3版」判例タイムズ社、2011
3) 村林俊行、中田成徳、木下貴博、寺島英輔編著「解雇事例をめぐる弁護士業務ガイド」三協法規出版、2013

この後、「請求の原因」として解雇が無効であるとの主張や、その理由が記載されます。

(2) 答弁書

裁判所が訴状を受理すると、訴え提起から 30 日以内に第 1 回口頭弁論の期日が指定され、訴状が被告に送達されます。第 1 回口頭弁論では、被告は、訴状に対する答弁書の提出が求められます。

答弁書においては、「原告の請求を棄却する」との判決を求め、原告の主張する事実についての認否（「認める」、「否認する」、「不知」、「争う」のいずれか）を行い、さらに「被告の主張」を述べます。ただ、第 1 回期日は切迫していることが多いため、認否などに留め、おって書面を提出することもあり得ます。

3）争点及び証拠の整理

(1) 弁論準備手続

以後、双方の主張の対立点（争点という）の整理に入ります。この手続は双方の日程調整の上月 1 回程度、法廷ではなく、裁判所内の会議室のような部屋において、裁判官、両当事者出席の下で行われることが多いのです。これを弁論準備手続といいます。双方が「準備書面」を何回か提出して、自らの主張を補完し、あるいは先方の主張に反論します。また、これらの証拠となる書証を提出します。これらに対する裁判所の証拠調べも準備手続内で行なわれます。

(2) 証人尋問

証人については、その証言したい内容をあらかじめ陳述書として提出し、裁判所の決定をまって、絞り込まれた論点について集中して証人尋問を行います。ハラスメントの事件くらいであれば双方の証人 2〜3 人ずつ以内で、1 日で終了します。

尋問は、証人申請した側の弁護士が主尋問、相手側が反対尋問という順序で行われます。陳述書作成の段階から弁護士とよく打ち合わせをし、リハーサルをして臨むことが必要ですが、ほとんどの証人にとって法廷は初体験であり、あがったりすることは当然です。また、自分側が劣勢なとき、あえて相手側証人を混乱させたりするようなやり方をすることもあるようです。要するに正しいことをした側として正直に答えていればよいのであり、話の巧拙が問題なの

第 4 章　ハラスメントの処置後の対応　43

ではありません。不適切な尋問をすれば、した方が裁判官の心証を悪くするだけです。

4）判決

　　証拠調べが終わると、その結果も踏まえて、当事者双方が、自己の主張をまとめた最終準備書面を提出し、ここで口頭弁論終結とされ、所定の期日に判決が言い渡され、当事者に送達されます。

5）訴訟上の和解

　　訴訟継続中に両当事者が互いに譲歩して訴訟を終了させる合意を訴訟上の和解といいます。その内容を調書に記載すると、確定判決と同一の効力が生じ、強制執行もできます（この点で裁判外の和解と異なります。）。

　裁判所は、書証の取り調べが終わった段階や証人尋問が終わった段階で、ある程度の心証形成もできたと判断すると、当事者に和解の勧告を行うことがあります。和解のメリットには、判決さらには上訴と訴訟が続くのを避け、紛争を早期解決する、関連の紛争も含めた柔軟な解決が図れる、勝敗の見通しがつかないとき敗訴リスクを避けるなどがあるとされており、当然裁判所自身の負担軽減にもなるでしょう。

　逆に言えば、被告に何ら譲歩すべき問題点もなく、時間がかかっても明確な判断を得たいとき、和解に応ずる理由はないことになります。

6）控訴審

　　第一審判決に不服のある当事者は、判決書送付から 2 週間以内に控訴状を第一審裁判所に提出して、控訴することができます。控訴人は控訴提起後 50 日以内に控訴理由書を控訴裁判所に提出します。被控訴人は、答弁書、反論書を提出し、以後、口頭弁論、和解勧告又は判決と続きます。

7）上告審

　最高裁への上告は、憲法解釈の誤りまたはその他憲法違反があること、または、重大な手続違反があることのいずれかの場合に限られています。ただし、原判決に最高裁の判例違反その他法令解釈に関する重要な事項を含むと認められる事件については、最高裁は、申立により、上告を受理することができます。しかし、上告や上告受理申立が認められるのはきわめてわずかな事例です。

3．訴訟—被害者側からの訴え[4)5)]

1）請求の根拠等

　被害者が加害者個人に対して不法行為責任（民法第709条）に基づく損害賠償請求を行いうるのはもちろんですが、加害者を雇用している企業や大学に対しても損害賠償などを請求することができます。

　その根拠としては、次に掲げるものがあります。

① 　使用者責任（民法第715条）

② 　使用者自身の不法行為責任（民法第709条）

③ 　雇用契約上の職場環境配慮義務違反（民法第415条　学生が被害者の場合は、在学契約に基づく教育研究環境配慮義務）

　いずれの場合でも、使用者がハラスメントの防止のため、必要な義務を尽くしたかどうかが、使用者の責任が成立するかの判断基準になります。その内容については、おおむね雇用均等法に基づく厚生労働省の指針に掲げるところに従って、ハラスメントに対する方針の明確化（規則など）と周知、相談体制整備、事後の迅速・適切な対応（調査、処分等、再発防止）が参考になるでしょう。

　訴訟の進行については、2．に述べたところとほぼ同じです。

4）小島妙子「職場のセクハラ」信山社、2008

5）水谷英夫「職場のいじめ」信山社、2006

2) 損害賠償の範囲

損害賠償の認められる損害の範囲については、侵害行為（ここではハラスメント）と相当因果関係にあるものとするのが損害賠償一般についての判例ですが、具体的にどういう損害まで含まれうるかは、個別に検討する必要があります。これについては、特に交通事故について判例が積み重ねられ、弁護士会により算定基準がとりまとめられていますので、参照してください[6]。

たとえば、治療費は、「必要かつ相当な実費全額」とされており、必要性、相当性がないときは、過剰診療、高額診療として、否定されることがあります。鍼灸、マッサージなどは「医師の指示がある場合、有効かつ相当な場合などは認められている」とのことです。

3) 差し止め請求

この他、ハラスメントが継続している場合は、差し止め請求が認められると考えられます（もちろんそこに至るまで放置している使用者が問題ですが。）。

加害者の人事異動や処分、監督責任者の処分等を求めることは、従業員の配置等は使用者の業務指揮権に属するものですから、被害者から請求することはできないものとされています。

また、加害者から被害者に謝罪させることも、内心の自由に関わることですから、使用者から促すことはできても、強制はできないとされています[7]。

4．労働審判[2][3]

1) 制度概要

労働審判は平成18年度から新たに導入された紛争解決制度です。裁判官である労働審判官と労働関係に専門知

---

6) 損害賠償算定基準研究会編「三訂版注解交通事故損害賠償算定基準（上・下）」2002
7) 渡邊岳、加藤純子「懲戒権行使の完全実務」日本法令、2012、p102

識経験を有する労働審判員2名（労・使）が委員会を構成して事件を審理し、調停あるいは労働審判により迅速、適正かつ実効的な解決をめざすものです。

原則として3回以内の期日で終結することとされており、第1回の期日までに当事者は申立書と答弁書で十分な主張と証拠提出を行い、以後反論などは期日に口頭で行うこととされています。委員会は第1回期日から争点・証拠の整理をし、審理の終結を目指すものとされています。

委員会は調停による解決の見込みがあれば試みるものとされます。実際7割程度が調停で終了しており、2割程度が労働審判で終了しています。

当事者は、審判書の送達または労働審判の告知を受けた日から2週間以内に裁判所に異議の申し立てをすることができます。これにより、審判は効力を失い、審判の申立の時に審判がなされた地方裁判所に訴えの提起がなされたものとみなされ、以後裁判手続に移行します。

2）本手続の利用について

本手続は、事実関係の認定が複雑なハラスメントなどの案件には適さないのではないかといわれていましたが、実際はかなり申し立てられているということです。

上述のように、短期の審理で、第1回期日に十分な主張・立証をすることがポイントとなりますので、申立があればいちはやく顧問弁護士に連絡し、指導を受けながら効率的な準備を行う必要があります。

5．仮処分 [2] [3]

1）制度概要

通常の訴訟（本案訴訟）では判決を得るまでに時間がかかりますので、簡易・迅速な手続で暫定的な救済措置をとる手続があり、これを民事保全手続といいます。これには、仮差押え、係争物に関する仮処分、仮の地位を定める仮処分があります。労働事件では、解雇された労働者が従業員たる地位を有することを仮に定める地位保全の仮処分や

解雇後の賃金の仮払いを命ずる仮処分が申し立てられることが多くあります。

かつては、労働事件の解決手段として仮処分は主要な地位を占め、審理も本案訴訟に近くなるなどの状況がありましたが、迅速な紛争解決手段として上記の労働審判手続ができ、その利用が増大しています。

一方、仮処分については、「被保全権利の存在」と「保全の必要性」が要件ですが、後者についての裁判所の判断は次第に厳格になってきています。たとえば、賃金仮払いの仮処分と同時に地位保全の仮処分を認める必要はないとしたり（労働者の守ろうとする利益の中核は賃金だから）、賃金仮払い仮処分であっても支払額を標準生計費に限ったり、支払期間を1年以下とするなどです。総じて、仮処分の本来の暫定的救済という位置づけに戻りつつあるとされています。

2）手続

本案を管轄する裁判所に申立をします。裁判所は、当事者の出頭のもと審尋を行い、双方から主張書面、疎明資料の提出が行われ、口頭で主張等の補充が行われます。当事者以外には、会社の人事担当者なども「当事者のために事務を処理し、または処理する者」として陳述が認められることがあります。

審尋期日は、東京地裁の例では、10日から2週間の間隔で開かれ、3か月以内で審理を終結することを目途に進められています。

その後、決定により仮処分命令が出されます。

6．裁判外の個別労働関係紛争処理 [3) 8)]

個別労働紛争解決促進法（平成13年）に基づき次のような裁判以外の解決手続が設けられています。

8）山川隆一「労働紛争処理法」弘文堂、2014

1) 都道府県労働局による相談・あっせん手続

(1) 総合労働相談コーナー

都道府県労働局の出先機関として設置され、相談員が労働関係の情報提供（法令の内容や判例などを含む）や相談を行っています。ワンストップサービスの機能をもち、相談により個別紛争が既に生じていることが明らかになった場合は、(2)、(3)の手続の紹介も行います。

(2) 都道府県労働局長の助言・指導

都道府県労働局長は、個別紛争の当事者の一方又は双方から解決のための援助を求められたときは、必要な助言又は指導を行うことができます。都道府県労働局長は紛争の事実関係を整理し、法令・判例等に照らして問題点を指摘したり、解決の方向性を示すなどし、当事者による自主的な解決を促します。

(3) 紛争調整委員会によるあっせん

都道府県労働局長の委任に基づいて、学識経験者による紛争調整委員会が、当事者の間に立って、話し合いを促進するものです。

当事者の一方又は双方からあっせんの申請が都道府県労働局長に提出された場合、必要と認めれば、紛争調整委員会にあっせんを委任します。紛争調整委員会の会長は3名のあっせん委員を指名し、非公開で期日を行います。当事者（代理人も可）から意見を聴取し、必要に応じ参考人からの意見聴取を行うなどして、事件の解決に必要なあっせん案を当事者に提示します。当事者間で合意が成立すれば、民法上の和解契約として取り扱われるのが一般的です。

1回の期日で手続が終了することが多く、迅速な処理がなされていますが、期日の出席は義務ではないため、相手が参加しないこともあり、あっせんの成立率は必ずしも高くないようです。

(4) 男女雇用機会均等法などの手続

男女雇用機会均等法に定める差別、不利益取扱、セクハラに関する紛争については、個別労働紛争解決促進法の規定が適用されず、均等法に定める紛争解決手続が適用されます。

具体には、都道府県労働局長が当事者の求めに応じて、自ら助言、指導又は勧告を行ったり、紛争調整委員会のうちから指名される3人の調停委員による調停を行わせる仕組みとなっています。

第4章　ハラスメントの処置後の対応　49

　パートタイム労働法や育児休業法上の事業主の義務に関する紛争についても、同様の仕組みが近時の改正により導入されています。

2）府県労働委員会によるあっせん

　前項1）は国の機関による制度ですが、個別労働紛争解決促進法は、地方公共団体にも、紛争の予防と自主的な解決のため、情報提供、相談、あっせんなどに努めるよう求めています。

　これを受けて、現在44府県の労働委員会が条例や要綱に基づき、個別紛争解決のあっせんなどを行っています。東京、兵庫、福岡ではあっせんは行っていませんが、独自の制度を有しています。

　県により具体的な調整制度の内容は異なりますが、県の労働主管部局が相談を行い、相談時における紹介などを経て、労働委員会委員長が指名したあっせん委員（公労使の三者構成が多い）が紛争解決のあっせんにあたるという例が多いとのことです。

memo

第5章

仕事ができない

1. 仕事の仕方を知らない
   1) 組織の一員としての仕事
   2) 組織が機能しないとき
   3) サラリーマンの心得
   4) ピラミッド型組織とフラット化
   5) 「サラリーマンとしての心得」の解説
2. 心の問題が関係する場合
   1) アスペルガー症候群
   2) ADHD
3. 単なる怠慢

1．仕事の仕方を知らない

1）組織の一員としての仕事

進歩の停滞した公務関係などの職場では、往々にして仕事に必要な知識や技術以前の問題として、組織の一員として働くときの基本的な行動の仕方が全く伝承・指導されておらず、職員各自が自己流で動いている例があります。昨年と同じことを繰り返しているだけならば、大きなミスはしないでしょう。

しかし、どんな職場にも突然の事故や事件は生じますし、変化の激しい昨今公務職場も前例踏襲ばかりでは許されなくなっています。そういう時、組織のメンバーが組織の一員としての動き方を踏まえていないと、大失敗につながります。

そこで、私が大学事務局の管理職であったとき、組織の一員としての心得をあえて文章化し、職員に配布していました。内容は私自身が若手の頃上司に教育されたものを中心としています。いずれも当たり前の事柄ですが、もはやOJTでは伝承されなくなっており、意識的に明文化して指導することが必要になっていると感じたのです。

2）組織が機能しないとき

その直接のきっかけは、私が勤務した大学での経験でした。若手の教員が専門書を刊行するにあたり、ある財団から助成金が得られることになりました。その教員は喜んでその旨を所属の学部の事務に報告し、受け入れ手続を依頼しました。ところが、学部の担当者が本部の会計課に相談にいくと、「財団からの出版助成は受け入れた前例がない」「受け入れ規則もない」「その本が売れて印税が入ったらどうするのか」など様々な理屈により再三押し返されたようです。担当者間での調整は数ヶ月も続き、とうとうその教員は助成を受けるのを断念してしまいました。この経緯に同僚教員が怒り、学部長に報告され、事務の責任者としての私は、学部長から抗議文をもらうはめになりました。あわてて、会計課長と学部の事務長をよんで話をきいたところ、両人ともその時点までこの話は知らなかったというのです。

担当者間だけの埒のあかない交渉を延々と続けたため、教員の貴重な出版の機会をふいにしたことになります。

　組織が調整をするとき、担当者間で決着できないときは、すぐに状況を整理して、課長にあげて交渉し、なおだめならさらにレベルを上げて交渉し、決着を図るのが常識です。どんなむつかしい案件でも最後はトップ一人に上がるのだから必ず解決できます。これがピラミッド型をしている組織の妙味です。

　ところが、同じ組織のかたちはしていても、この原理を職員がわかっていなければ、うまく機能せず、上記のような不合理な事態が発生します。これは、私が駆け出しの頃くどいほどたたきこまれた、組織の一員としての動き方が全く教えられていないのだと直感し、危機感を感じて、文章化し、研修などで配布・解説したのです。

3) サラリーマンの心得

　以下にそのまま掲げて、解説します。（国立大学職員を対象に書かれていますが、タイトルどおりサラリーマン一般に通ずるものと思っています。）

サラリーマンとしての心得

サラリーマンの仕事にはセオリーがある。自己流は改めねばならない。

a．組織の一員としての自覚

・自分の言動は、○○部・課、大学を代表しての言動になる。
独断では動けない。

・上司の判断を仰ぐべきかどうかは、結果について自分が責任をとれるかどうかで判断する。

上げるべきか迷った場合は上げる（本来の判断権者の判断を仰ぐのが原則だから）。

b．上司にかならず相談・報告すべき場合

・監督官庁、政治家、マスコミ、係争中の相手方など、役員クラスでなければ責任ある対応ができない場合

・教員からの照会も、定例的なもの以外は課長の判断を原則とすべき。

・上司から直接指示された業務

・直属上司のさらに上位の者から直接指示を受け、処理した場合。事後でも指揮命令系統の中間にいる人に報告しておく。

ex 学長から直接資料を求められて提出した場合、上司に報告しておく（後で追加の指示が彼らに来るかもしれない）

c．期限のある仕事は期限を徒過したら意味はない

間に合いそうにない場合、自分の手におえない場合は、状況を整理し上司の指示を受けること（自分だけで抱え込むのは、自分も苦しい上、組織としては何も対応していないことになり、一番まずい。仮に期限に遅れても、少しでも早く上司に報告した方がよい）。

d．上司の指示に対して

・「わかりません」「できません」と答えない。「調べます」「やってみます」と答えて、すぐ調べる。挑戦する。

・答えは自分で考え出す必要なし。自分で調べて時間がかかるより、答えを知っている人にきいて早く返した方が評価される（もちろん時間がある限り自分で調べてみることは大事）。

e．相手の気持ちを読む能力

第5章 仕事ができない　55

　上司や同僚は自分に何をしてもらいたいのかを直接の指示以外からも推し量り、対処の準備をしておく（自分の仕事に100％没頭するのでなく、同囲の状況に気を配る）。

　これがいざというときに的確に（上司の期待通りに）動けることにつながる（状況を読む材料－上司の上司から上司への指示、職場での議論の話題、今職場が直面している事態など）。

f. 仕事を、自分だけの専有物にしない

・仕事のノウハウは皆と共有し、組織全体の能力が高まるようにする。
・業務処理状況は整理して関係のラインが常にわかるようにしておく（一人に事故や急な異動があったら業務がとまるようでは、組織といえない）。

g. もはや国の組織、公務員ではない

・仕事は学生、教員、患者、企業、住民…へのサービス
・国時代の法令・規則に照らして考えるのでなく、どうしたら彼らの要望に応えられるかという発想で考える（多くはせいぜい学内規則の見直しで対応できる）。
・間接部門（総務・人事・会計）ばかりでなく、サービス部門も幅広く体験し、関係者の要望を肌で感じる機会をもつ。

h. 若い発想を生かして毎日改革

　日常の仕事の中から、関係者の要望などをきっかけにして、昨年よりも、先月よりも、昨日よりも、何か（小さなことでも）よりよくできないか考え、実行する。

　（「世の中を良くすること」（大学職員なら大学をよくすること）が公務員時代と変わらぬ我々の職業のアイデンティティであるべき）

i. 成功の一つの鍵は人脈

　学内外に人脈を広げること。

j. 心と体の健康に注意

・休養、趣味、家族・友人、運動 … でストレス発散。
・困ったときは早めの相談。
・上司の方に問題がある場合もある－「斜めの人間関係」を使う（隣の係、隣の課）。

4）ピラミッド型組織とフラット化

全体の前提として、企業や役所で通常みられるピラミッド型の組織を念頭に話を進めています。ITベンチャー企業などでは、分散型の組織もあるようですが、ここでは除外して考えています。近年組織のフラット化という流行があり、役所や大学などでも取り入れる例がありますが、決裁を早くしたいのなら、決裁権限を委任すればいいことで、組織自体を変形する必要はないはずです。

一方、組織全体が機動的に動くためには、従来型のビューロクラティックな組織の方がいいことは、緊急事態に対処しなければならない軍隊、警察、消防、中央官庁などの組織をみれば明らかでしょう。

漫然と昨年と同じことを反復している組織なら、昨年までのことは係長が一番知っているのだから、係長に任せればいいのですが、これは意思決定を迅速にしているのではなく、新たな意思決定をしていない（進歩がない）ことを意味するだけですから注意が必要です。

5）「サラリーマンとしての心得」の解説

心得の中でa. が一番重要です。担当職員として、たとえば自分で照会に答えた場合、さらなる照会や資料要求につながったり、そのまま報道されたりすることはないか、その場合に自分が単独で責任をもって対応できるかを考えて、無理あるいは危ないと思ったら係長に上げる、係長、課長…と順次同様の基準で判断して上げていけば、真に重要な案件が選別されてトップに上がることになります。

b. その具体例がb. です。特にマスコミへの対応は担当者クラスでは危ないので、注意する必要があります。仮にまちがって、報道されそうな事案にコメントしてしまった場合は、いち早く責任者まで報告しなければなりません。

c. については、まじめな人ほど抱え込んで処理できなくなり、それを報告するのも怖がって問題を深刻にしてしまいます。周囲としては、むしろ早くSOSを発してほしいのです。

d. については、特に新人のうちは、上司も教育的な観点で仕事を指示しているのですから、まず挑戦してみることです。それが成長につながるのです。

なお、学校の勉強と違い、答は正しければいいので、様々な人脈やツールを使って早く解決するようにします。このためにも日頃の同僚とのつきあいが重要です。

e. 秀吉のぞうりとりの逸話ではありませんが、上司が今何を求めているかを常に推測するくせをつけておくことが重要です。自分の仕事に90〜95％くらい集中しながら、残りの注意力で聞き耳をたてておくという感じです。

f. は悪い例です。停滞した職場に、よく「○○のことは俺一人しかわからない」といっていばっている人がいます。これは組織としては大変危険な状態なのです。

g. は特に国立大学法人や独立行政法人の皆さんに心がけてほしいことです。公務員時代の規制を内部規定に取り込んで、自縄自縛になっている場合があります。

h. に述べたように、単調に見える事務でも何か改善できないかと考えて取り組めば、やりがいが生まれてくると思います。

i. については同窓会など学生時代の友人や研修などで一緒になった人たちなどとのつきあいを続けるなど、いろんな方法があると思います。

j. のうち、どうみても上司のいうことの方がおかしいと思うときは、係長が問題なら隣の係長というように上下関係のない人に相談してみると、職場の常識がどちらを支持しているかわかり、安心することができます。新人時代の私を「おまえのような反抗的なやつはいないと、役所中で評判だぞ」と叱った人がいましたが、同僚たちの話によれば本人の方が問題児とされており、やがて辞職してしまいました。

2．心の問題が関係する場合

1）アスペルガー症候群

前述のように、職場のマナーやルールを知らなかったり、コミュニケーションがとりにくかったり、臨機応変な行動ができないなどの特徴から、人と接する仕事、一度に複数のことを処理し

58

なければならない仕事などには、不向きです。

　適性にあった職場、配置を考えるとともに、本人も社会的なマナーなどを身につける努力をし、周囲も指示を明確にするなど、その特性に配慮することが必要になります[1]。

2) ADHD

ADHD と は Attention Deficit Hyperactivity Disorder の略であり、注意欠如多動性障害と訳されます[2]-[4]。

　これも発達障害の一種であり、多動、不注意、衝動性を三大症状とします。極端に落ち着きのない子どもで、一時期学級崩壊のきっかけになるという面からも注目されました。

　成人の ADHD の場合は、不注意症状が多く見られます。注意を持続するのが困難で、人の話を最後まで聞けなかったり、仕事などを計画的に進められず、先延ばしにし、やり遂げられなかったりします。頻繁に物をなくしたり、約束の時間を忘れたりします。

　多動性については、子どもと違い動き回るようなことはなくなってきますが、過剰なおしゃべりや自ら多忙な仕事を選ぶといったことがみられます。

　衝動性では、短気であったり、順番を待てなかったりします。事故に遭いやすい傾向もあります。

　このように職務に明らかに支障を来す症状があるので、本人から受診するケースも多いとのことです。近時は薬物療法も含め、治療法も進歩しているようですので、その傾向が見られる場合は、まず「仕事や人間関係で悩んでいることはないか」と尋ね、本人も悩みを感じているようなら、産業医への相談を勧め、その診断により産業医から発達障害の専門医への受診を勧めてみるというのが通常の手順であるとされています[4]。

　また、前項1）と同様に適性にあった仕事・配置を考慮する必要があります。

1）中山　前掲第2章9）
2）榊原洋一、高山恵子「よくわかる大人のADHD」ナツメ社、2013
3）姜　昌勲「明日からできる大人のADHD診療」星和書店、2013
4）星野仁彦「発達障害に気づかない大人たち〈職場編〉」祥伝社新書、2011

3．単なる怠慢

　勤怠不良や業務命令違反などを伴わない、単なる能力不足の場合です。
　普通解雇が考えられますが、注意、指導、研修・教育や適性を考えた配置転換などを再三行っても改善の見込みがないような場合であることが必要とされています[5)][6)]。

---
5) 加茂善仁「解雇・退職　第3版」中央経済社、2007、p68〜
6) 藤本美枝、松村卓治、江藤真理子、栗原誠二編著「Q&Aと書式　解雇・退職」商事法務、2013、p89〜

memo

第6章

職場に「困った人」を抱えないために

1. 採用時の留意点
   (1) 面接の重要性
   (2) 中途採用
2. 試用期間の活用
3. 職場環境の改善
   (1) 人材育成と職場環境の関係
   (2) SOC 理論など
   (3) モチベーション・アップ
   (4) 組織と人

1．採用時の留意点

1) 面接の重要性

当然のことですが、職員の採用に当たっては、責任者によるしっかりした面接が欠かせません。私の経験した、長年にわたり職場を混乱させた者の例でも、新しい組織を急いで立ち上げるためなどの理由により、面接を経ずに採用したケースがあります。今日では、そういう例は少ないと思いますが、非常勤職員の採用などで慎重を欠くことがありますので、注意してください。

2) 中途採用

近年は就職後3年程度未満で自分の適性にあわないとして転職する者も多く、一定の実務経験も経ていて優秀で意欲的な者もおり、しっかりと人物をみて採用すれば、よい戦力になってくれる場合も多いようです。ただし、病気や不祥事などにより退職した者も混ざってきます。彼らは書類上でも面接でも、真の退職事由について明確にしないことが多いのです。この場合、前職の使用者に退職事由について照会することも禁じられてはいませんが、精神疾患の罹患歴のようなセンシティブ情報については、本人の同意が必要とされます[1]。同意が得られなければ、そのことを含めて採否の検討をすることになるでしょう。

1）石井　前掲第2章19）、p228

2．試用期間の活用

　採用後、試用期間の間に、精神疾患に罹患し、あるいはすでに罹患していることが明らかになることがあります。試用期間における解雇は通常の解雇の場合より広い範囲で解雇の自由が認められるとされますが、単に精神疾患に罹患したということだけではだめで、勤怠状況の悪化、業務遂行能力の低下があり、回復の見込みが当分ないことが必要とされます[2]。前述のパーソナリティ障害のように職場に復帰するまで長期の治療が必要な場合はこれに該当するとして、本採用を拒むことができるでしょう。

3．職場環境の改善

1）人材育成と職場環境の関係

（1）心の病の予防

　いったん健康な状態で採用された職員が心の病に陥らないようにするにはどうしたらいいのでしょうか。

　過重労働がうつ病などの発症をもたらすことは、よく知られており、超過勤務の縮減や長時間勤務者には健康診断を受けさせるなど対処がなされなければなりません。平成26年の労働安全衛生法の改正により、事業者には労働者の心理的な負担の程度を把握するための、医師、保健師等によるストレスチェックの実施が義務づけられ、その結果に基づいて医師の面接指導を行い、必要な場合は作業の転換、労働時間の短縮などの措置をとることとなりました。職員のメンタルの状況を日頃から観察し、対処することが管理者に求められることになります。

　職員の間の業務負担の不均衡や問題上司・問題職員の放置も職場の士気の低下を招くので、上述のとおり、管理者は逃げずに対処しなければなりません。

2）外井浩志編著「Q & A 精神疾患をめぐる労務管理」新日本法規、2012、p134

(2) 職場環境の改善

その上で、職員が生き生きと働ける職場をつくるにはどうしたらよいでしょうか。

それには職員相互の信頼感があり、協力関係があり、笑顔の絶えない組織風土をつくること、すなわち「感動職場」「熱い職場」をつくることだと思います[3][4]。

一時の成果主義・競争主義のいきすぎが、職場内の信頼や協力を失わせ、人間的なふれあいのないギスギスした職場を作り出しました。それは組織としての一体感、帰属感を損ない、組織全体としての活力を低下させ、メンタルヘルスの問題を急増させました。

人間は決して競争や報酬だけで動くものではなく、組織のお役にたちたい、組織を通じてお客様や社会に貢献したい、その中で自分も成長したい … これが日本のサラリーマンを動かしている通常の気持ちではないでしょうか。それに対応する人材育成策が必要であると考えます。

2）SOC 理論など

(1) SOC 理論 [5]

そのような見方を支持するのがストレス対処能力（Sense of Coherence：SOC）の理論です。

これは、若い頃ナチスの強制収容所で極限的なストレスを経験した女性のうち、更年期に至っても心身の健康を保っていた3割の人を調査した結果、彼女らに共通の要因として見いだされたものです。

それは、自分の生きている世界は、首尾一貫している、筋道が通っている、訳がわかる、腑に落ちるという感覚のことであり、次の3つの感覚からなっています。

① **把握可能性：自分の置かれている、あるいは置かれるであろう状況がある程度予想でき、理解できること。**

② **処理可能性：何とかなる、何とかやっていけるという感覚。**

3）髙橋克徳、河合太介、永田稔、渡部幹「不機嫌な職場」講談社現代新書、2008
4）髙橋克徳「職場は感情で変わる」講談社現代新書、2009
5）山崎喜比古、戸ヶ里泰典、坂野純子編「ストレス対処能力 SOC」有信堂、2008

③有意味性：日々の営みにやりがいや生きる意味が感じられること。

　私は特に③が重要であると思います。苦しい生活もそれがもつ意味、意義を理解しながら対処していけば、耐えることができ、メンタルヘルスも害さないのです。職場の日々の単調な作業も、それが本人にとって、組織にとって、ひいては顧客や社会にとってどれだけ役に立っているかという意味を与えられれば、職員の取り組み方は全く変わってくるのではないでしょうか。また、それによってバラバラな個人の成果競争のようなイメージではなくて、同じ組織に所属している同僚とともに努力していく必要性が実感されるのではないでしょうか。職員に仕事の意味を与えることこそ管理職の重要な役割です。

　国内の労働者についての調査によっても、SOC の高い人は抑うつ度が低い（うつ病になりにくい）という結果がでているのです[6]。

(2) ワークエンゲイジメントの理論[7]

　①と同様の指摘は、近年、産業保健心理学の分野で登場した、ポジティブな要因に注目する動きの中にも現れています。その一つにワークエンゲイジメントの理論があります。

　仕事にエンゲイジしているとは、つぎのような側面からなるとされています。

①活力（Vigor）　：仕事の最中、エネルギッシュで、力がみなぎり、活力に満ちていると感じます。

②熱意（Dedication）　：仕事との間に絆を感じ、仕事に熱中しています。自らの職務に意義を見いだし、仕事に誇りをもっています。

③没頭（Absorption）　：仕事に完全に熱中しています。引き込まれているか、没頭しているのです。集中し、やりがいを見いだし、働いていると時間を忘れてしまいます。

　この状態のある従業員は業績がよく、自発的に仕事をするのをいといません。ミスや事故を起こすことも少なくなります。自分の仕事に満足し、「フロー」（仕事に完全に没頭し、楽しいと感ずる状態）に入りやすいです。

　したがって、上司からもポジティブに評価されます。本人の心身の健康状態

---

6) 吉野　前掲第1章16)
7) ウィルマー・B・シャウフェリ他著、島津明人他訳「ワークエンゲイジメント入門」星和書店、2012

もよく、ストレスに打たれ強く、陽気です。こうして、彼らの所属する組織全体も業績がよくなります。

　ワーク・エンゲージメントを向上させるため、従業員に対して、次のような提案がなされています。

①ストレスの原因について話してみる

②自分自身の意見を表明する

③自分のレジリエンスを向上させる

④自分の仕事の価値を発見する

⑤お互いに助け合い、認め合う

⑥褒め言葉をかける

⑦自分の仕事をポジティブな見方でとらえる

⑧ネガティブな経験は、手放し、忘れる。良い知らせを共有し、祝う

　後述の経営の立場から提唱・実践されている、モチベーションアップの手法とよく重なっていることがわかります。

(3) レジリエンスなど [8] [9]

　以上のような考え方は、精神医学の分野でも注目されるようになってきています。従来心の病気は、一定のストレスの体験が人の脆弱性と結びついて発症するとされ（ストレス - 脆弱性モデル）、原因などの研究がなされてきました。しかし、病気の予防や回復のためには、同じストレスにさらされながら（たとえばトラウマ体験をしながら）、発症しない（たとえば PTSD にならない）人たちに注目し、その要因を探ることが必要だと考えられるようになってきました。

　この観点から着目されているのがレジリエンス（resilience）の概念です。元来は、物理学用語で弾性を表すものだったようですが、医学分野では、自己治癒力、（発病前なら）抵抗力、（発病後なら）回復力のことであるといわれています。

　レジリエンスを高める要因としては、本人の側では、楽観性、自尊心、自己効力感、ユーモアのセンス、環境は自分で変えられるという思い、対

8）坂元薫「うつ病の誤解と偏見を斬る」日本評論社、2014

9）木村美也子「脆弱性とレリジェンス」「こころの科学 165」日本評論社、2012

人関係能力などを有していることが挙げられています。また、外部の要因としては、安全な状態、手本となる人の存在、宗教、支持してくれる人の存在などが挙げられています。

心の病気に対して、本来備わっているこのような復元力ないし回復力を引き出すような治療が望まれているのです。前述した投薬と休養という治療がききにくい「新型うつ病」についても、患者を適切にほめ、その自己愛が少しでも満たされるよう配慮することがレジリエンスを引き出す一つの方策であるとされています。

また、回復期には、ポジティブ心理学に根ざしたポジティブ指向を学んでもらうことも提唱されているのです（従来の心理学が「心の傷」といったネガティブな側面に焦点をあてていたのに対し、「ポジティブ心理学」は私たちの心に備えられている、喜び、熱中、希望、自信などのポジティブな働きに注目し、これを生かして、生きがいや幸福の達成、人生の充実に貢献することをめざす、心理学の新しい分野です。[10]）。

要するに、職員の仕事へのモチベーションを上げたり、職場の人的環境を改善することが、職員のメンタルヘルスの維持に直結しており、両者は一体として考えるべきものであることが、各方面から共通に指摘されるようになってきているのです。

3) モチベーション・アップ

上述のように、「感動職場」をつくるため、働く意味を与えるために、職員のモチベーション・アップの方策が意識的に講じられる必要があります。主な方策と具体例（企業が実際に行っている事例）を次に掲げます[11]-[13]。

(1) ほめる、認知する、承認する

なんといっても、一人一人の職員が存在すること、努力していることを上司

10）鳥井哲志「ポジティブ心理学入門」星和書店、2009
11）高橋　前掲3）、4）
12）「感動職場の作り方」日経情報ストラテジー、2008.12
13）「熱い職場」日経ビジネス、2008.11.24

やトップが認めており、それを本人に伝えることが大事です。組織の代替可能な歯車のようにみなされていたのでは、モチベーションは生まれようがありません。単なる認知だけでなく、たまには晴れ舞台に立たせてあげることも必要です。

【事例】
- 社長から成果をあげた部下をほめる E メールを個々に出す
- 同僚がよい仕事をしたとき、ほめるカードを渡し、ロッカーや掲示板にはるあるいは、得たカードの多い者を表彰する
- 幹部が職員を名前で呼ぶ
- 「イカした仕事大賞」優れた仕事をした社員を全社員の投票で選ぶ
- 「大失敗賞」失敗したが新しいことに果敢に挑戦した社員に贈る

(2) ビジョンを末端まで共有する

トップのビジョンや熱意が全員に伝わるよう、トップの側が汗をかき、動く必要があります（式典などで美しい文章を読み上げるだけでは何も伝わりません。）。

【事例】
- 社長が熱い思いを語り、ビジョンを現場まで共有する　（額に掲げ、朝礼で述べ、心得に記す）
- 社長自ら現場に赴く
- 「ピープルズデイ」 全社員が一堂に会して 1 日話し合いをする
- 「らしさデイ」 ビジョンと各人の仕事をすりあわせる研修を行う

(3) 権限委譲、意思決定への参画―効力感の醸成

若手や一部のグループに思い切って企画などを任せ、やりがいと自信を与えます（任せたからには、途中で口出しすべきではありません。組織として企画提案などを実施するかどうかは役員などで決めればよいことです。）。

【事例】
- 「全ての社員をリーダーに」を合言葉に大幅な権限委譲を実施
- 「ジュニア・ボード」と称して、若手あるいは幹部候補による役員会を設ける
- 女性チームによる商品企画を行う

(4) 一体感の醸成

職場で職員間の交流がほとんどなく、組織の一体感が失われています。かつての全員参加の行事も見直されてきています。職場自体に楽しみを共有する時間があってもいいのではないでしょうか。

【事例】
- 全社員で盛り上がる行事―運動会、飲み会、誕生会―の実施
- 社員旅行、温泉宴会の復活
- 富士登山 体力差のある人や相性の良くない人をわざと同チームにする
- 盆踊り大会　従業員家族や住民も参加する

(5) 成長の実感

まとまった仕事を任せられやり遂げて評価されたとき、職員は最も成長を実感するでしょう。管理職は一人一人の能力を把握して、適切な難度の課題を与えなければなりません。

その他、後輩の育成に当たらせるのも、成長の機会となるでしょう。

【事例】
- 「○○塾」と称して、中堅社員が若手を集めて指導する（かつての独身寮の食堂のイメージ）
- ブラザー・シスター制度　先輩が新入社員に仕事の基礎を指導する
- 勉強会の参加などごとにスタンプをもらい、100個集めると旅行券がもらえる

・担当の仕事の能力を自己申告して「補佐」「玄人」「天才」などの称号を掲示

(6) 職員間のコミュニケーションの強化

職員同士、管理職と部下がお互いを知り、交流、協力につなげていくものです。

【事例】
・職員が個々にブログを開設
・社内用 HP に社員紹介コーナーを設け、私の履歴書などを掲載
・社員図鑑を作成
・実物の掲示板を復活し、その前で自然と会話が生ずるようにした
・非喫煙者の交流のため、リフレッシュルームを設置した

(7) 元気の回復

仕事ですり減るだけではもちません。リフレッシュが必要です。

【事例】
・リフレッシュ休暇制度
・行事・社内広報・メンタルヘルスを担当する課を設置

(8) 環境整備

トヨタの 5S（整理、整頓、清掃、清潔、しつけ）にならい、働きやすい職場にすれば、効率と安全が達成されます。

【事例】
・毎朝 30 分全社員で清掃

このようにやろうと思えばできる職場活性化のアイディアはいくらでもあります。改善運動や人事評価方法の見直しのように形にはまったものばかり考える必要はないと思います。

4）組織と人

（1）社員満足＝顧客満足

「未来工業」という会社をご存じでしょうか[14]。岐阜の電気設備資材メーカーですが、年間140日と日本で一番休みが多く、勤務時間は7時間15分で残業禁止、従業員全員正社員で、定年70才、給与は県庁並で、最後まで年功賃金、5年に一度は会社負担で社員全員で海外旅行という好待遇でありながら、高い技術開発力で高収益を続けています。

この社長さんがユニークで、消灯を徹底、コピー機は会社に1台、社用携帯は持たせないなどドケチを自ら任じているのですが、その社員に対する思いがいいのです。

いわく「社員は自分の会社はいい会社であってほしい、お客さんから認めてほしいと皆思っている。待遇を改善してやり、あとは社員を信用して任せれば、彼らは喜んで働き、そうすればお客も喜ぶ。」成果主義などは社長が社員を信用してないことを示すものだから、それを導入して社員がやる気を出すはずがないというのです[14]。

同じようにある地方の優良企業の社長さんからも「社員は自社製品がお客さんにほめられると喜んでいる。顧客満足は社員満足とイコールである」との話を伺ったこともあります。

14）山田昭男「日本でいちばん社員のやる気がある会社」中経の文庫、2010

(2) やる気を引き出す職場

　日本の通常の社員、職員の多くは、自分の組織を愛し、その発展に貢献したいと思っているのだと思います。

　職場の士気を高めるためには、職員が働きやすく、ものをいいやすい環境をつくってやり（その中には「困った人」を放置しないことも含むわけですが）、職場を愛している大多数の職員たちの意欲と能力を自然に引き出すことが本来の道であるのだと思います。

　本書が職場の活性化をめざす多くの方々にとって、ご参考になれば幸いです。

memo

おわりに

　最後に、特に大学の状況について付言したいことがあります。

　大学における非違行為への対応の体制は、一般社会にたとえれば、法律などルールはありますが、警察・検察や裁判所などの法の執行にあたる機関が存在していない状況です。何か事件が起これば、その都度調査や事実認定にあたる人を構成員の中から選んで対応しているわけです。素人が見様見真似でやるに等しいですから、調査・事実認定の正確さ、公平さ、迅速さに欠けることがあり、このため被害者の方が解決をあきらめてしまっているような例も見られます。

　本文でも触れたとおり、これに対処するには、法的なセンスと、問題事例に応じて必要となる知識（たとえば、精神医学）などを積極的に勉強しようという意欲と、そして何よりもその大学に愛着を持ち、秩序を乱す悪者には毅然と立ち向かう勇気をもった人材を養成し配置していくことが必要です。その候補者は事務職員しか考えられません（教員は同僚を調査したり、制裁を科したりすることには、どうしても消極的です。）。

　構成員の安全・安心なしに組織のマネジメントを語ることはできないはずです。事務職員の皆さんには、どうか本書を手がかりとして実力をつけていただき、全構成員に頼りにされる存在に成長していただきたいと願っております。

　このように関係の職員の力量にまつ状況は、インハウスローヤーなど抱えられない多くの企業の皆さんにとっても同様でしょう。特に企業にとっては、トラブルによる企業イメージへの影響なども考慮する必要があり、より危機管理的な観点から取り組まなければならないという状況があるでしょう。そのような側面については、今後深めていければと思っております。

　本書は、もともと筑波大学大学研究センターにおける大学マネジメント人材

養成プログラムでの一講義から生まれました。同講義を担当するにあたりお世話になりました上杉道世慶応義塾大学信濃町キャンパス事務長、吉武博道筑波大学大学研究センター長、加藤毅同センター准教授の皆様、出版社をご紹介くださった河村哲也お茶の水女子大学理事・教授、そして私を「この道」に導いてくださった豊田長康鈴鹿医療科学大学学長に、このささやかな成果を捧げ、心より感謝申し上げます。

平成 26 年 12 月

三浦 春政

参考資料

1. 雇用の分野における男女の均等な機会及び待遇の確保等に関する法律 ………… 78
2. 改正雇用の分野における男女の均等な機会及び待遇の確保等に関する法律の施行について ……………………………………………………………………………… 81
3. 事業主が職場における性的な言動に起因する問題に関して雇用管理上講ずべき措置についての指針 ………………………………………………………………… 87
4. 人事院規則 10 － 10（セクシュアル・ハラスメントの防止等）………………… 92
5. 人事院規則 10 － 10（セクシュアル・ハラスメントの防止等）の運用について
   ………………………………………………………………………………………… 94
6. 職場のパワーハラスメントの予防・解決に向けた提言 ………………………… 103
7. 職場のいじめ・嫌がらせ問題に関する円卓会議ワーキング・グループ報告 … 106

1. 雇用の分野における男女の均等な機会及び待遇の確保等に関する法律

（昭和四十七年七月一日　法律第百十三号）

第一章　総則　（略）

第二章　雇用の分野における男女の均等な機会及び待遇の確保等

　第一節　性別を理由とする差別の禁止等　（略）

　第二節　事業主の講ずべき措置

（職場における性的な言動に起因する問題に関する雇用管理上の措置）

　第十一条　事業主は、職場において行われる性的な言動に対するその雇用する労働者の対応により当該労働者がその労働条件につき不利益を受け、又は当該性的な言動により当該労働者の就業環境が害されることのないよう、当該労働者からの相談に応じ、適切に対応するために必要な体制の整備その他の雇用管理上必要な措置を講じなければならない。

　2　厚生労働大臣は、前項の規定に基づき事業主が講ずべき措置に関して、その適切かつ有効な実施を図るために必要な指針（次項において「指針」という。）を定めるものとする。

　3　第四条第四項及び第五項の規定は、指針の策定及び変更について準用する。この場合において、同条第四項中「聴くほか、都道府県知事の意見を求める」とあるのは、「聴く」と読み替えるものとする。

（妊娠中及び出産後の健康管理に関する措置）

　第十二条　（略）

　第十三条　（略）

　第三節　事業主に対する国の援助（略）

第三章　紛争の解決

　第一節　紛争の解決の援助

　第十五条　（略）

（紛争の解決の促進に関する特例）

　第十六条　第五条から第七条まで、第九条、第十一条第一項、第十二条及び第十三条第一項に定める事項についての労働者と事業主との間の紛争については、個別労働関係紛争の解決の促進に関する法律（平成十三年法律第百十二号）第四条、第五条及び第十二条から第十九条までの規定は適用せず、次条から第二十七条までに定めるところによる。

（紛争の解決の援助）

　第十七条　都道府県労働局長は、前条に規定する紛争に関し、当該紛争の当事者の双方又は一方からその解決につき援助を求められた場合には、当該紛争の当事者に対し、必要な助言、指導又は勧告をすることができる。

　2　事業主は、労働者が前項の援助を求めたことを理由として、当該労働者に対して解雇その他不利益な取扱いをしてはならない。

参考資料　79

第二節　調停

（調停の委任）

第十八条　都道府県労働局長は、第十六条に規定する紛争（労働者の募集及び採用についての紛争を除く。）について、当該紛争の当事者（以下「関係当事者」という。）の双方又は一方から調停の申請があつた場合において当該紛争の解決のために必要があると認めるときは、個別労働関係紛争の解決の促進に関する法律第六条第一項の紛争調整委員会（以下「委員会」という。）に調停を行わせるものとする。

2　前条第二項の規定は、労働者が前項の申請をした場合について準用する。

（調停）

第十九条　前条第一項の規定に基づく調停（以下この節において「調停」という。）は、三人の調停委員が行う。

2　調停委員は、委員会の委員のうちから、会長があらかじめ指名する。

第二十条　委員会は、調停のため必要があると認めるときは、関係当事者の出頭を求め、その意見を聴くことができる。

2　委員会は、第十一条第一項に定める事項についての労働者と事業主との間の紛争に係る調停のために必要があると認め、かつ、関係当事者の双方の同意があるときは、関係当事者のほか、当該事件に係る職場において性的な言動を行つたとされる者の出頭を求め、その意見を聴くことができる。

第二十一条　委員会は、関係当事者からの申立てに基づき必要があると認めるときは、当該委員会が置かれる都道府県労働局の管轄区域内の主要な労働者団体又は事業主団体が指名する関係労働者を代表する者又は関係事業主を代表する者から当該事件につき意見を聴くものとする。

第二十二条　委員会は、調停案を作成し、関係当事者に対しその受諾を勧告することができる。

第二十三条　委員会は、調停に係る紛争について調停による解決の見込みがないと認めるときは、調停を打ち切ることができる。

2　委員会は、前項の規定により調停を打ち切つたときは、その旨を関係当事者に通知しなければならない。

（時効の中断）

第二十四条　前条第一項の規定により調停が打ち切られた場合において、当該調停の申請をした者が同条第二項の通知を受けた日から三十日以内に調停の目的となつた請求について訴えを提起したときは、時効の中断に関しては、調停の申請の時に、訴えの提起があつたものとみなす。

（訴訟手続の中止）

第二十五条　第十八条第一項に規定する紛争のうち民事上の紛争であるものについて関係当事者間に訴訟が係属する場合において、次の各号のいずれかに掲げる事由があり、かつ、関係当事者の共同の申立てがあるときは、受訴裁判所は、四月以内の期間を定めて訴訟手続を中止する旨の決定をすることができる。

80

一　当該紛争について、関係当事者間において調停が実施されていること。

二　前号に規定する場合のほか、関係当事者間に調停によつて当該紛争の解決を図る旨の合意があること。

2　受訴裁判所は、いつでも前項の決定を取り消すことができる。

3　第一項の申立てを却下する決定及び前項の規定により第一項の決定を取り消す決定に対しては、不服を申し立てることができない。

（資料提供の要求等）

第二十六条　委員会は、当該委員会に係属している事件の解決のために必要があると認めるときは、関係行政庁に対し、資料の提供その他必要な協力を求めることができる。

（厚生労働省令への委任）

第二十七条　この節に定めるもののほか、調停の手続に関し必要な事項は、厚生労働省令で定める。

第四章　雑則　（略）

第五章　罰則　（略）

参考資料　81

2. 改正雇用の分野における男女の均等な機会及び待遇の確保等に関する法律の施行について

(平成 18 年 10 月 11 日)
(雇児発第 1011002 号)
(各都道府県労働局長あて厚生労働省雇用均等・児童家庭局長通知)

(前文　略)

記

第 1　総則(法第 1 章)　　(略)

第 2　性別を理由とする差別の禁止等(法第 2 章第 1 節)　(略)

第 3　事業主の講ずべき措置(法第 2 章第 2 節)

　本章は雇用の分野における男女の均等な機会及び待遇の確保のための前提条件を整備する観点から、労働者の就業に関して講ずべき措置を規定したものであって、第 2 章第 1 節及び第 3 節の規定と相まって労働者の職業生活の充実を図ることを目的としているものであること。

1　職場における性的な言動に起因する問題に関する雇用管理上の措置(法第 11 条)

(1)　職場におけるセクシュアルハラスメントは、労働者の個人としての尊厳を不当に傷つけ、能力の有効な発揮を妨げるとともに、企業にとっても職場秩序や業務の遂行を阻害し、社会的評価に影響を与える問題であり、社会的に許されない行為であることは言うまでもない。特に、職場におけるセクシュアルハラスメントは、いったん発生すると、被害者に加え行為者も退職に至る場合がある等双方にとって取り返しのつかない損失を被ることが多く、被害者にとって、事後に裁判に訴えることは、躊躇せざるを得ない面があることを考えると、未然の防止対策が重要である。

　　また、近年、女性労働者に対するセクシュアルハラスメントに加え、男性労働者に対するセクシュアルハラスメントの事案も見られるようになってきたところである。

　　こうしたことから、法第 11 条第 1 項は、職場におけるセクシュアルハラスメントの対象を男女労働者とするとともに、その防止のため、当該労働者からの相談に応じ、適切に対応するために必要な体制の整備その他の雇用管理上必要な措置を講ずることを事業主に義務付けることとしたものであること。

　　また、第 2 項は、これらの措置の内容を具体化するために、厚生労働大臣が指針を定め、公表することとしたものであること。

(2)　指針は、事業主が防止のため適切な雇用管理上の措置を講ずることができるようにするため、防止の対象とするべき職場におけるセクシュアルハラスメントの内容及び事業主が雇用管理上措置すべき事項を定めたものであること。

　イ　職場におけるセクシュアルハラスメントの内容

　　指針 2「職場におけるセクシュアルハラスメントの内容」においては、事業主が、雇

用管理上防止すべき対象としての職場におけるセクシュアルハラスメントの内容を明らかにするために、その概念の内容を示すとともに、典型例を挙げたものであること。

また、実際上、職場におけるセクシュアルハラスメントの状況は多様であり、その判断に当たっては、個別の状況を斟酌する必要があることに留意すること。

なお、法及び指針は、あくまで職場におけるセクシュアルハラスメントが発生しないよう防止することを目的とするものであり、個々のケースが厳密に職場におけるセクシュアルハラスメントに該当するか否かを問題とするものではないので、この点に注意すること。

① 職場

指針2（2）は「職場」の内容と例示を示したものであること。

「職場」には、業務を遂行する場所であれば、通常就業している場所以外の場所であっても、取引先の事務所、取引先と打合せをするための飲食店（接待の席も含む）、顧客の自宅（保険外交員等）の他、取材先（記者）、出張先及び業務で使用する車中等も含まれるものであること。

なお、勤務時間外の「宴会」等であっても、実質上職務の延長と考えられるものは職場に該当するが、その判断に当たっては、職務との関連性、参加者、参加が強制的か任意か等を考慮して個別に行うものであること。

② 性的な言動

指針2（4）は「性的な言動」の内容と例示を示したものであること。「性的な言動」に該当するためには、その言動が性的性質を有することが必要であること。

したがって、例えば、女性労働者のみに「お茶くみ」等を行わせること自体は性的な言動には該当しないが、固定的な性別役割分担意識に係る問題、あるいは配置に係る女性差別の問題としてとらえることが適当であること。

「性的な言動」には、（イ）「性的な発言」として、性的な事実関係を尋ねること、性的な内容の情報（噂）を意図的に流布することのほか、性的冗談、からかい、食事・デート等への執拗な誘い、個人的な性的体験談を話すこと等が、（ニ）「性的な行動」として、性的な関係の強要、必要なく身体に触ること、わいせつな図画（ヌードポスター等）を配布、掲示することのほか、強制わいせつ行為、強姦等が含まれるものであること。

なお、事業主、上司、同僚に限らず、取引先、顧客、患者及び学校における生徒等もセクシュアルハラスメントの行為者になり得るものであり、また、女性労働者が女性労働者に対して行う場合や、男性労働者が男性労働者に対して行う場合についても含まれること。

③ 対価型セクシュアルハラスメント

指針2（5）は対価型セクシュアルハラスメントの内容とその典型例を示したものであること。

「対応により」とは、例えば、労働者の拒否や抵抗等の対応が、解雇、降格、減給

等の不利益を受けることと因果関係があることを意味するものであること。

「解雇、降格、減給等」とは労働条件上不利益を受けることの例示であり、「等」には、労働契約の更新拒否、昇進・昇格の対象からの除外、客観的に見て不利益な配置転換等が含まれるものであること。

なお、指針に掲げる対価型セクシュアルハラスメントの典型的な例は限定列挙ではないこと。

④　環境型セクシュアルハラスメント

指針2（6）は環境型セクシュアルハラスメントの内容とその典型例を示したものであること。

「労働者の就業環境が不快なものとなったため、能力の発揮に重大な悪影響が生じる等当該労働者が就業する上で看過できない程度の支障が生じること」とは、就業環境が害されることの内容であり、単に性的言動のみでは就業環境が害されたことにはならず、一定の客観的要件が必要であること。

具体的には個別の判断となるが、一般的には意に反する身体的接触によって強い精神的苦痛を被る場合には、一回でも就業環境を害することとなり得るものであること。

また、継続性又は繰り返しが要件となるものであっても、明確に抗議しているにもかかわらず放置された状態の場合又は心身に重大な影響を受けていることが明らかな場合には、就業環境が害されていると解し得るものであること。

なお、指針に掲げる環境型セクシュアルハラスメントの典型的な例は限定列挙ではないこと。

⑤　「性的な言動」及び「就業環境が害される」の判断基準

「労働者の意に反する性的な言動」及び「就業環境を害される」の判断に当たっては、労働者の主観を重視しつつも、事業主の防止のための措置義務の対象となることを考えると一定の客観性が必要である。具体的には、セクシュアルハラスメントが、男女の認識の違いにより生じている面があることを考慮すると、被害を受けた労働者が女性である場合には「平均的な女性労働者の感じ方」を基準とし、被害を受けた労働者が男性である場合には「平均的な男性労働者の感じ方」を基準とすることが適当であること。

ただし、労働者が明確に意に反することを示しているにも関わらず、さらに行われる性的言動は職場におけるセクシュアルハラスメントと解され得るものであること。

ロ　雇用管理上講ずべき事項

指針3は、事業主が雇用管理上講ずべき措置として9項目挙げており、これらについては、企業の規模や職場の状況の如何を問わず必ず講じなければならないものであること。

また、措置の方法については、企業の規模や職場の状況に応じ、適切と考える措置を事業主が選択できるよう具体例を示してあるものであり、限定列挙ではないこと。

①　「事業主の方針の明確化及びその周知・啓発」

指針3（1）は、職場におけるセクシュアルハラスメントを防止するためには、まず事業主の方針として職場におけるセクシュアルハラスメントを許さないことを明確にするとともに、これを従業員に周知・啓発しなければならないことを明らかにしたものであること。

「その発生の原因や背景」とは、例えば、企業の雇用管理の問題として労働者の活用や能力発揮を考えていない雇用管理の在り方や労働者の意識の問題として同僚である労働者を職場における対等なパートナーとして見ず、性的な関心の対象として見る意識の在り方が挙げられるものであること。さらに、両者は相互に関連して職場におけるセクシュアルハラスメントを起こす職場環境を形成すると考えられること。

イ①並びにロ①及び②の「その他の職場における服務規律等を定めた文書」として、従業員心得や必携、行動マニュアル等、就業規則の本則ではないが就業規則の一部を成すものが考えられるが、これらにおいて懲戒規定を定める場合には、就業規則の本則にその旨の委任規定を定めておくことが労働基準法上必要となるものであること。

イ③の「研修、講習等」を実施する場合には、調査を行う等職場の実態を踏まえて実施する、管理職層を中心に職階別に分けて実施する等の方法が効果的と考えられること。

② 「相談に応じ、適切に対応するために必要な体制の整備」

指針3（2）は、職場におけるセクシュアルハラスメントの未然防止及び再発防止の観点から相談（苦情を含む。以下同じ。）への対応のための窓口を明確にするとともに、相談の対応に当たっては、その内容や状況に応じ適切かつ柔軟に対応するために必要な体制を整備しなければならないことを明らかにしたものであること。

指針3（2）イの「窓口をあらかじめ定める」とは、窓口を形式的に設けるだけでは足らず、実質的な対応が可能な窓口が設けられていることをいうものであること。この際、労働者が利用しやすい体制を整備しておくこと、労働者に対して周知されていることが必要であること。

指針3（2）ロの「その内容や状況に応じ適切に対応する」とは、具体的には、相談者や行為者に対して、一律に何らかの対応をするのではなく、労働者が受けている性的言動等の性格・態様によって、状況を注意深く見守る程度のものから、上司、同僚等を通じ、行為者に対し間接的に注意を促すもの、直接注意を促すもの等事案に即した対応を行うことを意味するものであること。

なお、対応に当たっては、公正な立場に立って、真摯に対応すべきことは言うまでもないこと。

指針3（2）ロの「広く相談に対応し」とは、職場におけるセクシュアルハラスメントを未然に防止する観点から、相談の対象として、職場におけるセクシュアルハラスメントそのものでなくともその発生のおそれがある場合やセクシュアルハラスメントに該当するか否か微妙な場合も幅広く含めることを意味するものであること。例えば、勤務時間後の宴会等におけるセクシュアルハラスメントも幅広く相談の対象とするこ

とが必要であること。

　　指針3（2）ロ②の「留意点」には、相談者が相談窓口の担当者の言動等によってさらに被害を受けること等（いわゆる「二次セクシュアルハラスメント」）を防止するために必要な事項も含まれるものであること。

　③　「職場におけるセクシュアルハラスメントに係る事後の迅速かつ適切な対応」

　　指針3（3）は、職場におけるセクシュアルハラスメントが発生した場合は、その事案に係る事実関係を迅速かつ正確に確認するとともに、当該事案に適正に対処しなければならないことを明らかにしたものであること。

ハ　併せて講ずべき措置

　　指針3（4）は、事業主が（1）から（3）までの措置を講ずるに際して併せて講ずべき措置を明らかにしたものであること。

　　指針3（4）イは、労働者の個人情報については、「個人情報の保護に関する法律（平成15年法律第57号）」及び「雇用管理に関する個人情報の適正な取扱いを確保するために事業者が講ずべき措置に関する指針（平成16年厚生労働省告示第259号）」に基づき、適切に取り扱うことが必要であるが、職場におけるセクシュアルハラスメントの事案に係る個人情報は、特に個人のプライバシーを保護する必要がある事項であることから、事業主は、その保護のために必要な措置を講じるとともに、その旨を労働者に周知することにより、労働者が安心して相談できるようにしたものであること。

　　指針3（4）ロは、実質的な相談ができるようにし、また、事実関係の確認をすることができるようにするためには、相談者や事実関係の確認に協力した者が不利益な取扱いを受けないことが必要であることから、これらを理由とする不利益な取扱いを行ってはならない旨を定め、さらにその旨を労働者に周知・啓発することとしたものであること。

　　また、上記については、事業主の方針の周知・啓発の際や相談窓口の設置にあわせて、周知することが望ましいものであること。

2　妊娠中及び出産後の健康管理に関する措置（法第12条及び第13条）（略）

3　深夜業に従事する女性労働者に対する措置（則第13条）（略）

第4　事業主に対する国の援助（法第2章第3節）（略）

第5　紛争の解決の援助（法第3章第1節）

1　苦情の自主的解決（法第15条）（略）

2　紛争の解決の促進に関する特例（法第16条）

（1）　雇用の分野における男女の均等な機会及び待遇に関する事業主の一定の措置についての労働者と事業主との間の紛争については、「個別労働関係紛争の解決の促進に関する法律（平成13年法律第112号）」第4条、第5条及び第12条から第19条までの規定は適用せず、法第17条から第27条までの規定によるものとしたものであること。

（2）　「紛争」とは、雇用の分野における男女の均等な機会及び待遇に関する事業主の一定の措置に関して労働者と事業主との間で主張が一致せず、対立している状態をいうものであること。

86

（以下略）

第6　調停（法第3章第2節）（略）

第7　雑則（法第4章）（略）

第8　罰則（法第5章）（略）

第9　その他　（略）

第10　適用時期及び関係通達の改廃　（略）

3. 事業主が職場における性的な言動に起因する問題に関して雇用管理上講ずべき措置についての指針

（平成十八年十月十一日）

（厚生労働省告示第六百十五号）

（前文　略）

1　はじめに

　この指針は、雇用の分野における男女の均等な機会及び待遇の確保等に関する法律（以下「法」という。）第 11 条第 1 項に規定する事業主が職場において行われる性的な言動に対するその雇用する労働者の対応により当該労働者がその労働条件につき不利益を受け、又は当該性的な言動により当該労働者の就業環境が害されること（以下「職場におけるセクシュアルハラスメント」という。）のないよう雇用管理上講ずべき措置について、同条第 2 項の規定に基づき事業主が適切かつ有効な実施を図るために必要な事項について定めたものである。

2　職場におけるセクシュアルハラスメントの内容

（1）　職場におけるセクシュアルハラスメントには、職場において行われる性的な言動に対する労働者の対応により当該労働者がその労働条件につき不利益を受けるもの（以下「対価型セクシュアルハラスメント」という。）と、当該性的な言動により労働者の就業環境が害されるもの（以下「環境型セクシュアルハラスメント」という。）がある。

（2）　「職場」とは、事業主が雇用する労働者が業務を遂行する場所を指し、当該労働者が通常就業している場所以外の場所であっても、当該労働者が業務を遂行する場所については、「職場」に含まれる。例えば、取引先の事務所、取引先と打合せをするための飲食店、顧客の自宅等であっても、当該労働者が業務を遂行する場所であればこれに該当する。

（3）　「労働者」とは、いわゆる正規労働者のみならず、パートタイム労働者、契約社員等いわゆる非正規労働者を含む事業主が雇用する労働者のすべてをいう。

　　また、派遣労働者については、派遣元事業主のみならず、労働者派遣の役務の提供を受ける者についても、労働者派遣事業の適正な運営の確保及び派遣労働者の保護等に関する法律（昭和 60 年法律第 88 号）第 47 条の 2 の規定により、その指揮命令の下に労働させる派遣労働者を雇用する事業主とみなされ、法第 11 条第 1 項の規定が適用されることから、労働者派遣の役務の提供を受ける者は、派遣労働者についてもその雇用する労働者と同様に、3 以下の措置を講ずることが必要である。

（4）　「性的な言動」とは、性的な内容の発言及び性的な行動を指し、この「性的な内容の発言」には、性的な事実関係を尋ねること、性的な内容の情報を意図的に流布すること等が、「性的な行動」には、性的な関係を強要すること、必要なく身体に触ること、わいせつな図画を配布すること等が、それぞれ含まれる。

（5）　「対価型セクシュアルハラスメント」とは、職場において行われる労働者の意に反す

る性的な言動に対する労働者の対応により、当該労働者が解雇、降格、減給等の不利益を受けることであって、その状況は多様であるが、典型的な例として、次のようなものがある。

イ 事務所内において事業主が労働者に対して性的な関係を要求したが、拒否されたため、当該労働者を解雇すること。

ロ 出張中の車中において上司が労働者の腰、胸等に触ったが、抵抗されたため、当該労働者について不利益な配置転換をすること。

ハ 営業所内において事業主が日頃から労働者に係る性的な事柄について公然と発言していたが、抗議されたため、当該労働者を降格すること。

(6) 「環境型セクシュアルハラスメント」とは、職場において行われる労働者の意に反する性的な言動により労働者の就業環境が不快なものとなったため、能力の発揮に重大な悪影響が生じる等当該労働者が就業する上で看過できない程度の支障が生じることであって、その状況は多様であるが、典型的な例として、次のようなものがある。

イ 事務所内において上司が労働者の腰、胸等に度々触ったため、当該労働者が苦痛に感じてその就業意欲が低下していること。

ロ 同僚が取引先において労働者に係る性的な内容の情報を意図的かつ継続的に流布したため、当該労働者が苦痛に感じて仕事が手につかないこと。

ハ 労働者が抗議をしているにもかかわらず、事務所内にヌードポスターを掲示しているため、当該労働者が苦痛に感じて業務に専念できないこと。

3 事業主が職場における性的な言動に起因する問題に関し雇用管理上講ずべき措置の内容

事業主は、職場におけるセクシュアルハラスメントを防止するため、雇用管理上次の措置を講じなければならない。

(1) 事業主の方針の明確化及びその周知・啓発

事業主は、職場におけるセクシュアルハラスメントに関する方針の明確化、労働者に対するその方針の周知・啓発として、次の措置を講じなければならない。

なお、周知・啓発をするに当たっては、職場におけるセクシュアルハラスメントの防止の効果を高めるため、その発生の原因や背景について労働者の理解を深めることが重要である。

イ 職場におけるセクシュアルハラスメントの内容及び職場におけるセクシュアルハラスメントがあってはならない旨の方針を明確化し、管理・監督者を含む労働者に周知・啓発すること。

（方針を明確化し、労働者に周知・啓発していると認められる例）

① 就業規則その他の職場における服務規律等を定めた文書において、職場におけるセクシュアルハラスメントがあってはならない旨の方針を規定し、職場におけるセクシュアルハラスメントの内容と併せ、労働者に周知・啓発すること。

② 社内報、パンフレット、社内ホームページ等広報又は啓発のための資料等に職場におけるセクシュアルハラスメントの内容及び職場におけるセクシュアルハ

ラスメントがあってはならない旨の方針を記載し、配布等すること。

　　　③　職場におけるセクシュアルハラスメントの内容及び職場におけるセクシュアルハラスメントがあってはならない旨の方針を労働者に対して周知・啓発するための研修、講習等を実施すること。

　ロ　職場におけるセクシュアルハラスメントに係る性的な言動を行った者については、厳正に対処する旨の方針及び対処の内容を就業規則その他の職場における服務規律等を定めた文書に規定し、管理・監督者を含む労働者に周知・啓発すること。

　（方針を定め、労働者に周知・啓発していると認められる例）

　　　①　就業規則その他の職場における服務規律等を定めた文書において、職場におけるセクシュアルハラスメントに係る性的な言動を行った者に対する懲戒規定を定め、その内容を労働者に周知・啓発すること。

　　　②　職場におけるセクシュアルハラスメントに係る性的な言動を行った者は、現行の就業規則その他の職場における服務規律等を定めた文書において定められている懲戒規定の適用の対象となる旨を明確化し、これを労働者に周知・啓発すること。

(2)　相談（苦情を含む。以下同じ。）に応じ、適切に対応するために必要な体制の整備

　　事業主は、労働者からの相談に対し、その内容や状況に応じ適切かつ柔軟に対応するために必要な体制の整備として、次の措置を講じなければならない。

　イ　相談への対応のための窓口（以下「相談窓口」という。）をあらかじめ定めること。

　　（相談窓口をあらかじめ定めていると認められる例）

　　　①　相談に対応する担当者をあらかじめ定めること。

　　　②　相談に対応するための制度を設けること。

　　　③　外部の機関に相談への対応を委託すること。

　ロ　イの相談窓口の担当者が、相談に対し、その内容や状況に応じ適切に対応できるようにすること。また、相談窓口においては、職場におけるセクシュアルハラスメントが現実に生じている場合だけでなく、その発生のおそれがある場合や、職場におけるセクシュアルハラスメントに該当するか否か微妙な場合であっても、広く相談に対応し、適切な対応を行うようにすること。

　　（相談窓口の担当者が適切に対応することができるようにしていると認められる例）

　　　①　相談窓口の担当者が相談を受けた場合、その内容や状況に応じて、相談窓口の担当者と人事部門とが連携を図ることができる仕組みとすること。

　　　②　相談窓口の担当者が相談を受けた場合、あらかじめ作成した留意点などを記載したマニュアルに基づき対応すること。

(3)　職場におけるセクシュアルハラスメントに係る事後の迅速かつ適切な対応

　　事業主は、職場におけるセクシュアルハラスメントに係る相談の申出があった場合において、その事案に係る事実関係の迅速かつ正確な確認及び適正な対処として、次の措置を講じなければならない。

90

イ　事案に係る事実関係を迅速かつ正確に確認すること。

（事案に係る事実関係を迅速かつ正確に確認していると認められる例）

①　相談窓口の担当者、人事部門又は専門の委員会等が、相談を行った労働者（以下「相談者」という。）及び職場におけるセクシュアルハラスメントに係る性的な言動の行為者とされる者（以下「行為者」という。）の双方から事実関係を確認すること。

また、相談者と行為者との間で事実関係に関する主張に不一致があり、事実の確認が十分にできないと認められる場合には、第三者からも事実関係を聴取する等の措置を講ずること。

②　事実関係を迅速かつ正確に確認しようとしたが、確認が困難な場合などにおいて、法第18条に基づく調停の申請を行うことその他中立な第三者機関に紛争処理を委ねること。

ロ　イにより、職場におけるセクシュアルハラスメントが生じた事実が確認できた場合においては、行為者に対する措置及び被害を受けた労働者（以下「被害者」という。）に対する措置をそれぞれ適正に行うこと。

（措置を適正に行っていると認められる例）

①　就業規則その他の職場における服務規律等を定めた文書における職場におけるセクシュアルハラスメントに関する規定等に基づき、行為者に対して必要な懲戒その他の措置を講ずること。併せて事案の内容や状況に応じ、被害者と行為者の間の関係改善に向けての援助、被害者と行為者を引き離すための配置転換、行為者の謝罪、被害者の労働条件上の不利益の回復等の措置を講ずること。

②　法第18条に基づく調停その他中立な第三者機関の紛争解決案に従った措置を講ずること。

ハ　改めて職場におけるセクシュアルハラスメントに関する方針を周知・啓発する等の再発防止に向けた措置を講ずること。

なお、職場におけるセクシュアルハラスメントが生じた事実が確認できなかった場合においても、同様の措置を講ずること。

（再発防止に向けた措置を講じていると認められる例）

①　職場におけるセクシュアルハラスメントがあってはならない旨の方針及び職場におけるセクシュアルハラスメントに係る性的な言動を行った者について厳正に対処する旨の方針を、社内報、パンフレット、社内ホームページ等広報又は啓発のための資料等に改めて掲載し、配布等すること。

②　労働者に対して職場におけるセクシュアルハラスメントに関する意識を啓発するための研修、講習等を改めて実施すること。

（4）　（1）から（3）までの措置と併せて講ずべき措置

（1）から（3）までの措置を講ずるに際しては、併せて次の措置を講じなければならない。

イ　職場におけるセクシュアルハラスメントに係る相談者・行為者等の情報は当該相談

者・行為者等のプライバシーに属するものであることから、相談への対応又は当該セクシュアルハラスメントに係る事後の対応に当たっては、相談者・行為者等のプライバシーを保護するために必要な措置を講ずるとともに、その旨を労働者に対して周知すること。

　（相談者・行為者等のプライバシーを保護するために必要な措置を講じていると認められる例）

① 相談者・行為者等のプライバシーの保護のために必要な事項をあらかじめマニュアルに定め、相談窓口の担当者が相談を受けた際には、当該マニュアルに基づき対応するものとすること。

② 相談者・行為者等のプライバシーの保護のために、相談窓口の担当者に必要な研修を行うこと。

③ 相談窓口においては相談者・行為者等のプライバシーを保護するために必要な措置を講じていることを、社内報、パンフレット、社内ホームページ等広報又は啓発のための資料等に掲載し、配布等すること。

ロ 労働者が職場におけるセクシュアルハラスメントに関し相談をしたこと又は事実関係の確認に協力したこと等を理由として、不利益な取扱いを行ってはならない旨を定め、労働者に周知・啓発すること。

　（不利益な取扱いを行ってはならない旨を定め、労働者にその周知・啓発することについて措置を講じていると認められる例）

① 就業規則その他の職場における職務規律等を定めた文書において、労働者が職場におけるセクシュアルハラスメントに関し相談をしたこと、又は事実関係の確認に協力したこと等を理由として、当該労働者が解雇等の不利益な取扱いをされない旨を規定し、労働者に周知・啓発をすること。

② 社内報、パンフレット、社内ホームページ等広報又は啓発のための資料等に、労働者が職場におけるセクシュアルハラスメントに関し相談をしたこと、又は事実関係の確認に協力したこと等を理由として、当該労働者が解雇等の不利益な取扱いをされない旨を記載し、労働者に配布等すること。

改正文　（平成二四年九月二七日厚生労働省告示第五一八号）　抄
平成二十四年十月一日から適用する。

4. 人事院規則10－10（セクシュアル・ハラスメントの防止等）

（平成十年十一月十三日人事院規則10－10）

最終改正：平成一九年二月九日人事院規則10－10－1

　人事院は、国家公務員法（昭和二十二年法律第百二十号）に基づき、セクシュアル・ハラスメントの防止等に関し次の人事院規則を制定する。

（趣旨）

　第一条　この規則は、人事行政の公正の確保、職員の利益の保護及び職員の能率の発揮を目的として、セクシュアル・ハラスメントの防止及び排除のための措置並びにセクシュアル・ハラスメントに起因する問題が生じた場合に適切に対応するための措置に関し、必要な事項を定めるものとする。

（定義）

　第二条　この規則において、次の各号に掲げる用語の意義は、当該各号に定めるところによる。

　　一　セクシュアル・ハラスメント　他の者を不快にさせる職場における性的な言動及び職員が他の職員を不快にさせる職場外における性的な言動

　　二　セクシュアル・ハラスメントに起因する問題　セクシュアル・ハラスメントのため職員の勤務環境が害されること及びセクシュアル・ハラスメントへの対応に起因して職員がその勤務条件につき不利益を受けること

（人事院の責務）

　第三条　人事院は、セクシュアル・ハラスメントの防止等に関する施策についての企画立案を行うとともに、各省各庁の長がセクシュアル・ハラスメントの防止等のために実施する措置に関する調整、指導及び助言に当たらなければならない。

（各省各庁の長の責務）

　第四条　各省各庁の長は、職員がその能率を充分に発揮できるような勤務環境を確保するため、セクシュアル・ハラスメントの防止及び排除に関し、必要な措置を講ずるとともに、セクシュアル・ハラスメントに起因する問題が生じた場合においては、必要な措置を迅速かつ適切に講じなければならない。この場合において、セクシュアル・ハラスメントに対する苦情の申出、当該苦情等に係る調査への協力その他セクシュアル・ハラスメントに対する職員の対応に起因して当該職員が職場において不利益を受けることがないようにしなければならない。

（職員の責務）

　第五条　職員は、次条第一項の指針の定めるところに従い、セクシュアル・ハラスメントをしないように注意しなければならない。

　　2　職員を監督する地位にある者（以下「監督者」という。）は、良好な勤務環境を確保するため、日常の執務を通じた指導等によりセクシュアル・ハラスメントの防止及

参考資料　93

び排除に努めるとともに、セクシュアル・ハラスメントに起因する問題が生じた場合には、迅速かつ適切に対処しなければならない。

（職員に対する指針）

第六条　人事院は、セクシュアル・ハラスメントをしないようにするために職員が認識すべき事項及びセクシュアル・ハラスメントに起因する問題が生じた場合において職員に望まれる対応等について、指針を定めるものとする。

2　各省各庁の長は、職員に対し、前項の指針の周知徹底を図らなければならない。

（研修等）

第七条　各省各庁の長は、セクシュアル・ハラスメントの防止等を図るため、職員に対し、必要な研修等を実施しなければならない。

2　各省各庁の長は、新たに職員となった者に対し、セクシュアル・ハラスメントに関する基本的な事項について理解させるため、及び新たに監督者となった職員に対し、セクシュアル・ハラスメントの防止等に関しその求められる役割について理解させるために、研修を実施するものとする。

3　人事院は、各省各庁の長が前二項の規定により実施する研修等の調整及び指導に当たるとともに、自ら実施することが適当と認められるセクシュアル・ハラスメントの防止等のための研修について計画を立て、その実施に努めるものとする。

（苦情相談への対応）

第八条　各省各庁の長は、人事院の定めるところにより、セクシュアル・ハラスメントに関する苦情の申出及び相談（以下「苦情相談」という。）が職員からなされた場合に対応するため、苦情相談を受ける職員（以下「相談員」という。）を配置し、相談員が苦情相談を受ける日時及び場所を指定する等必要な体制を整備しなければならない。この場合において、各省各庁の長は、苦情相談を受ける体制を職員に対して明示するものとする。

2　相談員は、苦情相談に係る問題の事実関係の確認及び当該苦情相談に係る当事者に対する助言等により、当該問題を迅速かつ適切に解決するよう努めるものとする。この場合において、相談員は、人事院が苦情相談への対応について定める指針に十分留意しなければならない。

3　職員は、相談員に対して苦情相談を行うほか、人事院に対しても苦情相談を行うことができる。この場合において、人事院は、苦情相談を行った職員等から事情の聴取を行う等の必要な調査を行い、当該職員等に対して指導、助言及び必要なあっせん等を行うものとする。

附　則

この規則は、平成十一年四月一日から施行する。

附　則　（平成一九年二月九日人事院規則 10 - 10 - 1）

この規則は、平成十九年四月一日から施行する。

5. 人事院規則10－10（セクシュアル・ハラスメントの防止等）の運用について

（平成10年11月13日職福—442）

（人事院事務総長発）

最終改正：平成19年2月9日職職—40

　標記について下記のとおり定めたので、平成11年4月1日以降は、これによってください。

記

第1条関係

　「セクシュアル・ハラスメントの防止及び排除」とは、セクシュアル・ハラスメントが行われることを未然に防ぐとともに、セクシュアル・ハラスメントが現に行われている場合にその行為を制止し、及びその状態を解消することをいう。

第2条関係

1　この条の第1号の「他の者を不快にさせる」とは、職員が他の職員を不快にさせること、職員がその職務に従事する際に接する職員以外の者を不快にさせること及び職員以外の者が職員を不快にさせることをいう。

2　この条の第1号の「職場」とは、職員が職務に従事する場所をいい、当該職員が通常勤務している場所以外の場所も含まれる。

3　この条の第1号の「性的な言動」とは、性的な関心や欲求に基づく言動をいい、性別により役割を分担すべきとする意識に基づく言動も含まれる。

4　この条の第2号の「セクシュアル・ハラスメントのため職員の勤務環境が害されること」とは、職員が、直接又は間接的にセクシュアル・ハラスメントを受けることにより、職務に専念することができなくなる等その能率の発揮が損なわれる程度に当該職員の勤務環境が不快なものとなることをいう。

5　この条の第2号の「セクシュアル・ハラスメントへの対応」とは、職務上の地位を利用した交際又は性的な関係の強要等に対する拒否、抗議、苦情の申出等の行為をいう。

6　この条の第2号の「勤務条件につき不利益を受けること」とは、昇任、配置換等の任用上の取扱いや昇格、昇給、勤勉手当等の給与上の取扱い等に関し不利益を受けることをいう。

第4条関係

1　各省各庁の長の責務には、次に掲げるものが含まれる。

　　一　セクシュアル・ハラスメントの防止等に関する方針、具体的な対策等を各省庁において部内規程等の文書の形でとりまとめ、職員に対して明示すること。

　　二　職員に対する研修の計画を立て、実施するに当たり、セクシュアル・ハラスメントの防止等のための研修を含めること。

　　三　セクシュアル・ハラスメントに起因する問題が職場に生じていないか、又はそのお

それがないか、勤務環境に十分な注意を払うこと。

　　四　セクシュアル・ハラスメントに起因する問題が生じた場合には、再発防止に向けた
　　　　措置を講ずること。

　　五　職員に対して、セクシュアル・ハラスメントに関する苦情の申出、当該苦情等に係
　　　　る調査への協力その他セクシュアル・ハラスメントに対する職員の対応に起因して
　　　　当該職員が職場において不利益を受けないことを周知すること。

　2　職場における「不利益」には、勤務条件に関する不利益のほか、同僚等から受ける誹謗
　　や中傷など職員が受けるその他の不利益が含まれる。

第5条関係

　この条の第2項の「職員を監督する地位にある者」には、他の職員を事実上監督している
と認められる地位にある者を含むものとする。

第6条関係

　この条の第1項の人事院が定める指針は、別紙1のとおりとする。

第7条関係

　この条の第1項の「研修等」には、研修のほか、パンフレットの配布、ポスターの掲示、
職員の意識調査の実施等が含まれる。

第8条関係

　1　苦情相談は、セクシュアル・ハラスメントによる被害を受けた本人からのものに限らず、
　　次のようなものも含まれる。

　　一　他の職員がセクシュアル・ハラスメントをされているのを見て不快に感じる職員か
　　　　らの苦情の申出

　　二　他の職員からセクシュアル・ハラスメントをしている旨の指摘を受けた職員からの
　　　　相談

　　三　部下等からセクシュアル・ハラスメントに関する相談を受けた監督者からの相談

　2　この条の第1項の苦情相談を受ける体制の整備については、次に定めるところによる。

　　一　本省庁及び管区機関においては、それぞれ複数の相談員を置くことを基準とし、そ
　　　　の他の機関においても、セクシュアル・ハラスメントに関する職員からの苦情相談
　　　　に対応するために必要な体制をその組織構成、各官署の規模等を勘案して整備する
　　　　ものとする。

　　二　相談員のうち少なくとも1名は、苦情相談を行う職員の属する課の長に対する指導
　　　　及び人事当局との連携をとることのできる地位にある者をもって充てるものとする。

　　三　苦情相談には、苦情相談を行う職員と同性の相談員が同席できるような体制を整備
　　　　するよう努めるものとする。

　3　この条の第2項の人事院が定める指針は、別紙2のとおりとする。

　4　この条の第3項の「苦情相談を行った職員等」には、他の職員からセクシュアル・ハラ
　　スメントを受けたとする職員、他の職員に対しセクシュアル・ハラスメントをしたとさ
　　れる職員その他の関係者が含まれる。

　　　　　　　　　　　　　　　　　　　　　　　　　　　　　　　　　　　　　　　以上

別紙1

セクシュアル・ハラスメントをなくすために職員が認識すべき事項についての指針

第1　セクシュアル・ハラスメントをしないようにするために職員が認識すべき事項
1　意識の重要性
　　セクシュアル・ハラスメントをしないようにするためには、職員の一人一人が、次の事項の重要性について十分認識しなければならない。
　一　お互いの人格を尊重しあうこと。
　二　お互いが大切なパートナーであるという意識を持つこと。
　三　相手を性的な関心の対象としてのみ見る意識をなくすこと。
　四　女性を劣った性として見る意識をなくすこと。
2　基本的な心構え
　　職員は、セクシュアル・ハラスメントに関する次の事項について十分認識しなければならない。
　一　性に関する言動に対する受け止め方には個人間や男女間で差があり、セクシュアル・ハラスメントに当たるか否かについては、相手の判断が重要であること。
　　　具体的には、次の点について注意する必要がある。
　　　（1）親しさを表すつもりの言動であったとしても、本人の意図とは関係なく相手を不快にさせてしまう場合があること。
　　　（2）不快に感じるか否かには個人差があること。
　　　（3）この程度のことは相手も許容するだろうという勝手な憶測をしないこと。
　　　（4）相手との良好な人間関係ができていると勝手な思い込みをしないこと。
　二　相手が拒否し、又は嫌がっていることが分かった場合には、同じ言動を決して繰り返さないこと。
　三　セクシュアル・ハラスメントであるか否かについて、相手からいつも意思表示があるとは限らないこと。
　　　セクシュアル・ハラスメントを受けた者が、職場の人間関係等を考え、拒否することができないなど、相手からいつも明確な意思表示があるとは限らないことを十分認識する必要がある。
　四　職場におけるセクシュアル・ハラスメントにだけ注意するのでは不十分であること。
　　　例えば、職場の人間関係がそのまま持続する歓迎会の酒席のような場において、職員が他の職員にセクシュアル・ハラスメントを行うことは、職場の人間関係を損ない勤務環境を害するおそれがあることから、勤務時間外におけるセクシュアル・ハラスメントについても十分注意する必要がある。
　五　職員間のセクシュアル・ハラスメントにだけ注意するのでは不十分であること。
　　　行政サービスの相手方など職員がその職務に従事する際に接することとなる職員以外の者及び委託契約又は派遣契約により同じ職場で勤務する者との関係にも注意しな

ければならない。

3 セクシュアル・ハラスメントになり得る言動

セクシュアル・ハラスメントになり得る言動として、例えば、次のようなものがある。

一 職場内外で起きやすいもの

(1) 性的な内容の発言関係

ア 性的な関心、欲求に基づくもの

① スリーサイズを聞くなど身体的特徴を話題にすること。

② 聞くに耐えない卑猥な冗談を交わすこと。

③ 体調が悪そうな女性に「今日は生理日か」、「もう更年期か」などと言うこと。

④ 性的な経験や性生活について質問すること。

⑤ 性的な噂を立てたり、性的なからかいの対象とすること。

イ 性別により差別しようとする意識等に基づくもの

① 「男のくせに根性がない」、「女には仕事を任せられない」、「女性は職場の花でありさえすればいい」などと発言すること。

② 「男の子、女の子」、「僕、坊や、お嬢さん」、「おじさん、おばさん」などと人格を認めないような呼び方をすること。

(2) 性的な行動関係

ア 性的な関心、欲求に基づくもの

① ヌードポスター等を職場に貼ること。

② 雑誌等の卑猥な写真・記事等をわざと見せたり、読んだりすること。

③ 身体を執拗に眺め回すこと。

④ 食事やデートにしつこく誘うこと。

⑤ 性的な内容の電話をかけたり、性的な内容の手紙・Eメールを送ること。

⑥ 身体に不必要に接触すること。

⑦ 浴室や更衣室等をのぞき見すること。

イ 性別により差別しようとする意識等に基づくもの

女性であるというだけで職場でお茶くみ、掃除、私用等を強要すること。

二 主に職場外において起こるもの

ア 性的な関心、欲求に基づくもの

性的な関係を強要すること。

イ 性別により差別しようとする意識等に基づくもの

① カラオケでのデュエットを強要すること。

② 酒席で、上司の側に座席を指定したり、お酌やチークダンス等を強要すること。

4 懲戒処分

セクシュアル・ハラスメントの態様等によっては信用失墜行為、国民全体の奉仕者たるにふさわしくない非行などに該当して、懲戒処分に付されることがある。

第2 職場の構成員として良好な勤務環境を確保するために認識すべき事項

勤務環境はその構成員である職員の協力の下に形成される部分が大きいことから、セクシュアル・ハラスメントにより勤務環境が害されることを防ぐため、職員は、次の事項について、積極的に意を用いるように努めなければならない。

1　職場内のセクシュアル・ハラスメントについて問題提起する職員をいわゆるトラブルメーカーと見たり、セクシュアル・ハラスメントに関する問題を当事者間の個人的な問題として片づけないこと。

　　職場におけるミーティングを活用することなどにより解決することができる問題については、問題提起を契機として、良好な勤務環境の確保のために皆で取り組むことを日頃から心がけることが必要である。

2　職場からセクシュアル・ハラスメントに関する問題の加害者や被害者を出さないようにするために、周囲に対する気配りをし、必要な行動をとること。

　　具体的には、次の事項について十分留意して必要な行動をとる必要がある。

一　セクシュアル・ハラスメントが見受けられる場合は、職場の同僚として注意を促すこと。

　　セクシュアル・ハラスメントを契機として、勤務環境に重大な悪影響が生じたりしないうちに、機会をとらえて職場の同僚として注意を促すなどの対応をとることが必要である。

二　被害を受けていることを見聞きした場合には、声をかけて相談に乗ること。

　　被害者は「恥ずかしい」、「トラブルメーカーとのレッテルを貼られたくない」などとの考えから、他の人に対する相談をためらうことがある。被害を深刻にしないように、気が付いたことがあれば、声をかけて気軽に相談に乗ることも大切である。

3　職場においてセクシュアル・ハラスメントがある場合には、第三者として気持ちよく勤務できる環境づくりをする上で、上司等に相談するなどの方法をとることをためらわないこと。

第3　セクシュアル・ハラスメントに起因する問題が生じた場合において職員に望まれる事項

1　基本的な心構え

　　職員は、セクシュアル・ハラスメントを受けた場合にその被害を深刻にしないために、次の事項について認識しておくことが望まれる。

一　一人で我慢しているだけでは、問題は解決しないこと。

　　セクシュアル・ハラスメントを無視したり、受け流したりしているだけでは、必ずしも状況は改善されないということをまず認識することが大切である。

二　セクシュアル・ハラスメントに対する行動をためらわないこと。

　　「トラブルメーカーというレッテルを貼られたくない」、「恥ずかしい」などと考えがちだが、被害を深刻なものにしない、他に被害者をつくらない、さらにはセクシュアル・ハラスメントをなくすことは自分だけの問題ではなく良い勤務環境の形成に重要であるとの考えに立って、勇気を出して行動することが求められる。

2　セクシュアル・ハラスメントによる被害を受けたと思うときに望まれる対応

職員はセクシュアル・ハラスメントを受けた場合、次のような行動をとるよう努めることが望まれる。

一　嫌なことは相手に対して明確に意思表示をすること。

　　　セクシュアル・ハラスメントに対しては毅然とした態度をとること、すなわち、はっきりと自分の意思を相手に伝えることが重要である。直接相手に言いにくい場合には、手紙等の手段をとるという方法もある。

二　信頼できる人に相談すること。

　　　まず、職場の同僚や知人等身近な信頼できる人に相談することが大切である。各職場内において解決することが困難な場合には、内部又は外部の相談機関に相談する方法を考える。なお、相談するに当たっては、セクシュアル・ハラスメントが発生した日時、内容等について記録しておくことが望ましい。

別紙 2

セクシュアル・ハラスメントに関する苦情相談に対応するに当たり留意すべき事項についての指針

第1　基本的な心構え

　　職員からの苦情相談に対応するに当たっては、相談員は次の事項に留意する必要がある。

1　被害者を含む当事者にとって適切かつ効果的な対応は何かという視点を常に持つこと。

2　事態を悪化させないために、迅速な対応を心がけること。

3　関係者のプライバシーや名誉その他の人権を尊重するとともに、知り得た秘密を厳守すること。

第2　苦情相談の事務の進め方

1　苦情相談を受ける際の相談員の体制等

　　一　苦情相談を受ける際には、原則として2人の相談員で対応すること。

　　二　苦情相談を受けるに当たっては、同性の相談員が同席するよう努めること。

　　三　相談員は、苦情相談に適切に対応するために、相互に連携し、協力すること。

　　四　実際に苦情相談を受けるに当たっては、その内容を相談員以外の者に見聞されないよう周りから遮断した場所で行うこと。

2　相談者から事実関係等を聴取するに当たり留意すべき事項

　　苦情相談を行う職員（以下「相談者」という。）から事実関係等を聴取するに当たっては、次の事項に留意する必要がある。

　　一　相談者の求めるものを把握すること。

　　　　将来の言動の抑止等、今後も発生が見込まれる言動への対応を求めるものであるのか、又は喪失した利益の回復、謝罪要求等過去にあった言動に対する対応を求めるものであるのかについて把握する。

　　二　どの程度の時間的な余裕があるのかについて把握すること。

　　　　相談者の心身の状態等に鑑み、苦情相談への対応に当たりどの程度の時間的な余裕があるのかを把握する。

　　三　相談者の主張に真摯に耳を傾け丁寧に話を聴くこと。

　　　　特に相談者が被害者の場合、セクシュアル・ハラスメントを受けた心理的な影響から必ずしも理路整然と話すとは限らない。むしろ脱線することも十分想定されるが、事実関係を把握することは極めて重要であるので、忍耐強く聴くよう努める。

　　四　事実関係については、次の事項を把握すること。

　　　　（1）当事者（被害者及び加害者とされる職員）間の関係

　　　　（2）問題とされる言動が、いつ、どこで、どのように行われたか。

　　　　（3）相談者は、加害者とされる職員に対してどのような対応をとったか。

　　　　（4）監督者等に対する相談を行っているか。

なお、これらの事実を確認する場合、相談者が主張する内容については、当
　　事者のみが知り得るものか、又は他に目撃者はいるのかを把握する。
　五　聴取した事実関係等を相談者に確認すること。
　　　聞き間違えの修正並びに聞き漏らした事項及び言い忘れた事項の補充ができるの
　　で、聴取事項を書面で示したり、復唱するなどして相談者に確認する。
　六　聴取した事実関係等については、必ず記録にしてとっておくこと。
3　加害者とされる職員からの事実関係等の聴取
　一　原則として、加害者とされる職員から事実関係等を聴取する必要がある。ただし、
　　セクシュアル・ハラスメントが職場内で行われ比較的軽微なものであり、対応に時
　　間的な余裕がある場合などは、監督者の観察、指導による対応が適当な場合も考え
　　られるので、その都度適切な方法を選択して対応する。
　二　加害者とされる者から事実関係等を聴取する場合には、加害者とされる者に対して
　　十分な弁明の機会を与える。
　三　加害者とされる者から事実関係等を聴取するに当たっては、その主張に真摯に耳を
　　傾け丁寧に話を聴くなど、相談者から事実関係等を聴取する際の留意事項を参考に
　　し、適切に対応する。
4　第三者からの事実関係等の聴取
　　職場内で行われたとされるセクシュアル・ハラスメントについて当事者間で事実関係
　に関する主張に不一致があり、事実の確認が十分にできないと認められる場合などは、
　第三者から事実関係等を聴取することも必要である。
　　この場合、相談者から事実関係等を聴取する際の留意事項を参考にし、適切に対応する。
5　相談者に対する説明
　　苦情相談に関し、具体的にとられた対応については、相談者に説明する。
第3　問題処理のための具体的な対応例
　　相談員が、苦情相談に対応するに当たっては、セクシュアル・ハラスメントに関して
　相当程度の知識を持ち、個々の事例に即して柔軟に対応することが基本となることは言
　うまでもないが、具体的には、事例に応じて次のような対処が方策として考えられる。
1　セクシュアル・ハラスメントを受けたとする職員からの苦情相談
　一　職員の監督者等に対し、加害者とされる職員に指導するよう要請する。
　　　（例）
　　　　職場内で行われるセクシュアル・ハラスメントのうち、その対応に時間的な余裕が
　　　あると判断されるものについては、職場の監督者等に状況を観察するよう要請し、加
　　　害者とされる職員の言動のうち問題があると認められるものを適宜注意させる。
　二　加害者に対して直接注意する。
　　　（例）
　　　　性的なからかいの対象にするなどの行為を頻繁に行うことが問題にされている場合
　　　において、加害者とされる職員は親しみの表現として発言等を行っており、それがセ

クシュアル・ハラスメントであるとの意識がない場合には、相談員が加害者とされる
職員に対し、その行動がセクシュアル・ハラスメントに該当することを直接注意する。
三　被害者に対して指導、助言をする。
　　（例）
　　　職場の同僚から好意を抱かれ食事やデートにしつこく誘われるが、相談者がそれを
　　苦痛に感じている場合については、相談者自身が相手の職員に対して明確に意思表示
　　をするよう助言する。
四　当事者間のあっせんを行う。
　　（例）
　　　被害者がセクシュアル・ハラスメントを行った加害者に謝罪を求めている場合にお
　　いて、加害者も自らの言動について反省しているときには、被害者の要求を加害者に
　　伝え、加害者に対して謝罪を促すようあっせんする。
五　人事上必要な措置を講じるため、人事当局との連携をとる。
　　（例）
　　　セクシュアル・ハラスメントの内容がかなり深刻な場合で被害者と加害者とを同じ
　　職場で勤務させることが適当でないと判断される場合などには、人事当局との十分な
　　連携の下に当事者の人事異動等の措置をとることも必要となる。
2　セクシュアル・ハラスメントであるとの指摘を受けたが納得がいかない旨の相談
　　　（例）
　　　　昼休みに自席で週刊誌のグラビアのヌード写真を周囲の目に触れるように眺めてい
　　　たところ、隣に座っている同僚の女性職員から、他の職員の目に触れるのはセクシュ
　　　アル・ハラスメントであるとの指摘を受けたが、納得がいかない旨の相談があった場
　　　合には、相談者に対し、周囲の職員が不快に感じる以上はセクシュアル・ハラスメン
　　　トに当たる旨注意喚起をする。
3　第三者からの苦情相談
　　　（例）
　　　同僚の女性職員がその上司から性的なからかいを日常的に繰り返し受けているのを見
　　て不快に思う職員から相談があった場合には、同僚の女性職員及びその上司から事情を
　　聴き、その事実がセクシュアル・ハラスメントであると認められる場合には、その上司
　　に対して監督者を通じ、又は相談員が直接に注意を促す。
　　　（例）
　　　非常勤職員に執拗につきまとったり、その身体に不必要に触る職員がいるが、非常勤
　　職員である本人は、立場が弱いため苦情を申し出ることをしないような場合について第
　　三者から相談があったときには、本人から事情を聴き、事実が認められる場合には、本
　　人の意向を踏まえた上で、監督者を通じ、又は相談員が直接に加害者とされる職員から
　　事情を聴き、注意する。

6. 職場のパワーハラスメントの予防・解決に向けた提言
平成 24 年 3 月 15 日職場のいじめ・嫌がらせ問題に関する円卓会議

1. はじめに〜組織で働くすべての人たちへ〜（問題の存在）

　　いま、職場で傷つけられている人がいる。暴力、暴言、脅迫や仲間外しといったいじめ行為が行われ、こうした問題に悩む職場が増えている。

　　また、どの職場でも日常的に行われている指導や注意などの業務上のやり取りが、たとえ悪意がなくとも適正な範囲を超えると、時として相手を深く傷つけてしまう場合がある。

　　こうした行為は、なくしていくべき「職場のパワーハラスメント」に当たる。職場のパワーハラスメントは、上司から部下だけでなく、同僚間や部下から上司にも行われる。つまり、働く人の誰もが当事者となり得るものであることから、いま、組織で働くすべての人たちがこのことを意識するよう求めたい。

2. 職場のパワーハラスメントをなくそう（問題に取り組む意義）

　　職場のパワーハラスメントは、相手の尊厳や人格を傷つける許されない行為であるとともに、職場環境を悪化させるものである。

　　こうした問題を放置すれば、人は仕事への意欲や自信を失い、時には、心身の健康や命すら危険にさらされる場合があり、職場のパワーハラスメントはなくしていかなければならない。

　　また、数多くの人たちが組織で働く現在、職場のパワーハラスメントをなくすことは、組織の活力につながるだけでなく、国民の幸せにとっても重要な課題である。

3. 職場のパワーハラスメントをなくすために（予防・解決に向けた取組）

　（1）企業や労働組合、そして一人ひとりの取組

　　職場のパワーハラスメントをなくしていくために、企業や労働組合は、職場のパワーハラスメントの概念・行為類型（別紙参照）や、ワーキング・グループ報告が示した取組例を参考に取り組んでいくとともに、組織の取組が形だけのものにならないよう、職場の一人ひとりにも、それぞれの立場から取り組むことを求めたい。

　（2）それぞれの立場から取り組んでいただきたいこと

　　　○**トップマネジメントへの期待**：組織のトップマネジメントの立場にある方には、職場のパワーハラスメントは組織の活力を削ぐものであることを意識し、こうした問題が生じない組織文化を育てていくことを求めたい。

　　　　そのためには、自らが範を示しながら、その姿勢を明確に示すなどの取組を行うべきである。

　　　○**上司への期待**：上司の立場にある方には、自らがパワーハラスメントをしないことはもちろん、部下にもさせないように職場を管理することを求めたい。ただし、

上司には、自らの権限を発揮し、職場をまとめ、人材を育成していく役割があり、必要な指導を適正に行うことまでためらってはならない。

また、職場でパワーハラスメントが起こってしまった場合には、その解決に取り組むべきである。

○**職場の一人ひとりへの期待**：人格尊重、コミュニケーション、互いの支え合い

・ **人格尊重**：職場のパワーハラスメント対策の本質は、職場の一人ひとりが、自分も相手も、等しく、不当に傷つけられてはならない尊厳や人格を持った存在であることを認識した上で、それぞれの価値観、立場、能力などといった違いを認めて、互いを受け止め、その人格を尊重し合うことにある。

・ **コミュニケーション**：互いの人格の尊重は、上司と部下や同僚の間で、理解し協力し合う適切なコミュニケーションを形成する努力を通じて実現できるものである。

そのため、職場のパワーハラスメント対策は、コミュニケーションを抑制するものであってはならない。

職場の一人ひとりが、こうしたコミュニケーションを適切に、そして積極的に行うことがパワーハラスメントの予防につながる。

例えば、上司は、指導や注意は「事柄」を中心に行い「人格」攻撃に陥らないようにする。部下は、仕事の進め方をめぐって疑問や戸惑いを感じることがあればそうした気持ちを適切に伝える。それらの必要な心構えを身につけることを期待したい。

・ **互いの支え合い**：職場の一人ひとりが、職場のパワーハラスメントを見過ごさずに向き合い、こうした行為を受けた人を孤立させずに声をかけ合うなど、互いに支え合うことが重要である。

（3）政府や関係団体に期待すること

国や労使の団体は、当会議の提言及びワーキング・グループ報告を周知し、広く対策が行われるよう支援することを期待する。

4. おわりに

この提言は、職場からパワーハラスメントをなくし、働く人の尊厳や人格が大切にされる社会を創っていくための第一歩である。

この提言をもとに、組織は対策に取り組むとともに、そこで働く一人ひとりは自分たちの職場を見つめ直し、互いに話し合うことからはじめることを期待する。

参考資料　105

別紙

職場のパワーハラスメントの概念と行為類型

（職場のいじめ・嫌がらせ問題に関する円卓会議ワーキング・グループ報告より）
　「職場のパワーハラスメント」の概念と、典型的な行為類型を以下に示す。詳細については、当会議のワーキング・グループ報告を参照していただきたい。

【職場のパワーハラスメントの概念】

　職場のパワーハラスメントとは、同じ職場で働く者に対して、職務上の地位や人間関係などの職場内の優位性を背景に、業務の適正な範囲を超えて、精神的・身体的苦痛を与える又は職場環境を悪化させる行為をいう。

【職場のパワーハラスメントの行為類型】（典型的なものであり、すべてを網羅するものではないことに留意する必要がある）】

　①暴行・傷害（身体的な攻撃）
　②脅迫・名誉毀損・侮辱・ひどい暴言（精神的な攻撃）
　③隔離・仲間外し・無視（人間関係からの切り離し）
　④業務上明らかに不要なことや遂行不可能なことの強制、仕事の妨害
　　（過大な要求）
　⑤業務上の合理性なく、能力や経験とかけ離れた程度の低い仕事を命じることや仕事を与えないこと（過小な要求）
　⑥私的なことに過度に立ち入ること（個の侵害）
　　①については、業務の遂行に関係するものであっても、「業務の適正な範囲」に含まれるとすることはできない。
　　②と③については、業務の遂行に必要な行為であるとは通常想定できないことから、原則として「業務の適正な範囲」を超えるものと考えられる。
　　④から⑥までについては、業務上の適正な指導との線引きが必ずしも容易でない場合があると考えられる。こうした行為について何が「業務の適正な範囲を超える」かについては、業種や企業文化の影響を受け、また、具体的な判断については、行為が行われた状況や行為が継続的であるかどうかによっても左右される部分もあると考えられるため、各企業・職場で認識をそろえ、その範囲を明確にする取組を行うことが望ましい。

7. 職場のいじめ・嫌がらせ問題に関する円卓会議ワーキング・グループ報告

1. はじめに：なぜ職場のいじめ・嫌がらせ問題に取り組むべきか

   （略）

2. どのような行為を職場からなくすべきか

（1）共通認識の必要性

○「いじめ・嫌がらせ」、「パワーハラスメント」という言葉は、一般的には、そうした行為を受けた人の主観的な判断を含んで用いられることに加え、どのような関係 [8] の下で行われる、どのような行為がこれらに該当するのか、人によって判断が異なる現状がある。とりわけ、同じ職場内で行われる「いじめ・嫌がらせ」、「パワーハラスメント」については、業務上の指導との線引きが難しいなどの課題があり、この問題への労使の取組を難しいものとしている。

　　そのため、当WGとしては、職場の一人ひとりがこの問題を自覚し、対処することができるよう、どのような行為を職場からなくすべきであるのかを整理することで、労使や関係者が認識を共有できるようにすることが必要であると考えた。

○このような問題意識から、当WGは、各団体や有識者が整理している「いじめ・嫌がらせ」、「パワーハラスメント」の概念を参考に検討を行った結果、以下のような行為について、労使が予防・解決に取り組むべきであること、そのような行為を「職場のパワーハラスメント」と呼ぶことを提案する。

> 　　職場のパワーハラスメントとは、同じ職場で働く者に対して、職務上の地位や人間関係などの職場内の優位性を背景に、業務の適正な範囲を超えて、精神的・身体的苦痛を与える又は職場環境を悪化させる行為をいう。

○はじめに述べたとおり、パワーハラスメントという言葉は、上司から部下へのいじめ・嫌がらせを指して使われる場合が多い。しかし、先輩・後輩間や同僚間、さらには部下から上司に対して行われるものもあり、こうした行為も職場のパワーハラスメントに含める必要があることから、上記では「職場内の優位性」を「職務上の地位」に限らず、人間関係や専門知識などの様々な優位性が含まれる趣旨が明らかになるよう整理を行った。

○また、職場のパワーハラスメントについては、「業務上の指導との線引きが難しい」との指摘があるが、労使が予防・解決に取り組むべき行為は「業務の適正な範囲を超え」る

---

8 同じ職場で働く者同士の関係以外にも、例えば、顧客や取引先から、取引上の力関係などを背景に、従業員の人格・尊厳を侵害する行為がなされる場合がある。

ものである趣旨が明らかになるよう整理を行った。

　個人の受け取り方によっては、業務上必要な指示や注意・指導を不満に感じたりする場合でも、これらが業務上の適正な範囲で行われている場合には、パワーハラスメントには当たらないものとなる。

○なお、職場のパワーハラスメントにより、すでに法で保障されている権利が侵害される場合には、法的な制度の枠組みに沿って対応がなされるべきである[9]。

(2) 職場のパワーハラスメントの行為類型

○職場のパワーハラスメントの行為類型としては、以下のものが挙げられる。ただし、これらは職場のパワーハラスメントに当たりうる行為のすべてを網羅するものではなく、これ以外の行為は問題ないということではないことに留意する必要がある。

①暴行・傷害（身体的な攻撃）

②脅迫・名誉毀損・侮辱・ひどい暴言（精神的な攻撃）

③隔離・仲間外し・無視（人間関係からの切り離し）

④業務上明らかに不要なことや遂行不可能なことの強制、仕事の妨害（過大な要求）

⑤業務上の合理性なく、能力や経験とかけ離れた程度の低い仕事を命じることや仕事を与えないこと（過小な要求）

⑥私的なことに過度に立ち入ること（個の侵害）

○次に、労使や職場の一人ひとりの理解を深め、その取組に資するよう、上記の行為類型のうち、職場のパワーハラスメントに当たるかどうかの判断が難しいものは何か、その判断に資する取組等について示しておこう。

　まず、①については、業務の遂行に関係するものであっても、「業務の適正な範囲」に含まれるとすることはできない。

　次に、②と③については、業務の遂行に必要な行為であるとは通常想定できないことから、原則として「業務の適正な範囲」を超えるものと考えられる。

　一方、④から⑥までについては、業務上の適正な指導との線引きが必ずしも容易でない場合があると考えられる。こうした行為について何が「業務の適正な範囲を超える」かについては、業種や企業文化の影響を受け、また、具体的な判断については、行為が行われた状況や行為が継続的であるかどうかによっても左右される部分もあると考えられるため、各企業・職場で認識をそろえ、その範囲を明確にする取組を行うことが望ましい。

3. どのようにしたら職場のパワーハラスメントをなくすことができるか

　（略）

4. おわりに

　（略）

9　例えば、セクシュアルハラスメントについては、優位性を背景に苦痛を与えるなど職場のパワーハラスメントと重なる点もある一方、業務上の必要性を伴わないという点で異なること、また、男女雇用機会均等法によって雇用管理上講ずべき措置が明確化されていることから、同法の枠組みに沿って取組が行われるべきである。

参 考 文 献 一 覧

（本文で引用しなかった文献でも参考となるものは含めています）

1 メンタルヘルス（第1章、第2章、第5章関係）

（1）全般
- 「第5版 標準精神医学」（医学書院）野村総一郎、樋口輝彦編 2012
- 「第7版精神医学ハンドブック」（日本評論社）山下格 2010
- 「〈正常〉を救え」（講談社）アレン・フランセス 2013
- 「精神医療・診断の手引き―DSM-Ⅲはなぜ作られ、DSM-5はなぜ批判されたか―」（金剛出版）大野裕 2014
- 「人事・総務担当者のためのメンタルヘルス読本」（労働科学研究所出版部）鈴木安名 2005
- 「心の健康 詳説職場復帰支援の手引き」中央労災防止協会編 2010
- 「メンタルヘルスと職場復帰支援ガイドブック」（中山書店）日本産業精神保健学会 2010
- 「ビジネスマンの精神科」（講談社現代新書）岩波明 2009

（2）うつ病
- 「軽症うつ病」（講談社現代新書）笠原嘉 1996
- 「働く人のうつ病」（中山書店）上島国利編 2008
- 「若者の「うつ」」（ちくまプリマー新書）傳田健三 2009
- 「うつと気分障害」（幻冬舎新書）岡田尊司 2010
- 「非定型うつ病」（金剛出版）貝谷久宣＆抑うつ臨床研究会編 2008
- 「多様化したうつ病をどう診るか」（医学書院）野村総一郎編集 2011
- 「未熟型うつ病と双曲スペクトラム」（金剛出版）阿部隆明 2011
- 「「逃避型抑うつ」について」広瀬徹也「躁うつ病の精神病理2」（弘文堂）宮本忠雄編 1977
- 「退却神経症 Withdrawal Neurosis という新カテゴリーの提唱」笠原嘉「思春期の精神病理と治療」（岩崎学術出版社）中井久夫、山中康裕編 1978
- 「社会変動とうつ病」松浪克文、山下喜弘「社会精神医学 14」1991
- 「現代型うつ病をめぐる議論の行方」松浪克文、上瀬大樹、秋久長夫「臨床精神医学 2013.8」
- 「現代社会が生む"ディスチミア親和型"」樽味伸「臨床精神医学 34」2005
- 「「現代型うつ」はサボりなのか」（平凡社新書）吉野聡 2013
- 「擬態うつ病/新型うつ病」（保健同人社）林公一 2011
- 「「新型うつ病」のデタラメ」（新潮新書）中嶋聡 2012
- 「承認をめぐる病」（日本評論社）斎藤環 2013
- 「「若作りうつ」社会」（講談社現代新書）熊代亨 2014

・「うつ病の誤解と偏見を斬る」（日本評論社）坂元薫 2014
・「うつ病医療の危機」（日本評論社）宮岡等 2014

（3）適応障害
・「適応障害」（日本評論社）原田誠一編集 2011
・「ストレスと適応障害」（幻冬舎新書）岡田尊司 2013

（4）双極性障害
・「双極性障害」（ちくま新書）加藤忠史 2009
・「双極Ⅱ型障害という病」（勉誠出版）内海健 2013

（5）パーソナリティ障害
・「医療現場におけるパーソナリティ障害」（医学書院）林直樹、西村隆夫編集 2006
・「パーソナリティ障害のことがよくわかる本」（講談社）市橋秀夫監修 2006
・「やさしくわかるパーソナリティ障害」（ナツメ社）牛島定信 2012
・「パーソナリティ障害がよくわかる本」（法研）岡田尊司 2006
・「境界性パーソナリティ障害のことがよくわかる本」（講談社）牛島定信 2008
・「境界性パーソナリティ障害〈日本版治療ガイドライン〉」（金剛出版）牛島定信編 2008
・「境界性パーソナリティ障害」（保健同人社）林公一 2007
・「境界性パーソナリティ障害は common disease である」林直樹「精神科治療学 26.9」2011
・「自己愛性パーソナリティ障害のことがよくわかる本」（講談社）狩野力八郎監修 2007
・「自己愛性人格障害」（駿河台出版社）町沢静夫 2005

（6）発達障害
・「よくわかる大人の発達障害」（ナツメ社）中山和彦、小野和哉 2010
・「ぼくらの中の発達障害」（ちくまプリマ―新書）青木省三 2012
・「大人のアスペルガー、子どものアスペルガー」（東京図書出版）原田豊 2013
・「大人の発達障害ってそういうことだったのか」（医学書院）宮岡等、内山登紀夫 2013
・「ボーダーラインと発達障害」和迩健太、青木省三「そだちの科学 13」2009
・「キャンパスの中のアスペルガー症候群」（講談社）山崎晃資 2010
・「よくわかる大人の ADHD」（ナツメ社）榊原洋一、高山恵子 2013
・「明日からできる大人の ADHD 診療」（星和書店）姜昌勲 2013
・「発達障害に気づかない大人たち〈職場編〉（祥伝社新書）星野仁彦 2011

（7）PTSD
・「心的トラウマの理解とケア 第2版」（じほう）金吉晴 2006
・「PTSD とトラウマのすべてがわかる本」（講談社）飛鳥井望監修 2007

・「トラウマ」（岩波新書）宮地尚子 2013

（8）メンタルヘルスと法
・「Q & A 職場のメンタルヘルス」（三協法規出版）石井妙子監修 2013
・「Q & A 精神疾患をめぐる労務管理」（新日本法規）外井浩志 2012
・「臨床医のための司法精神医学入門」（新興医学出版社）日本精神神経学会 2013
・「精神科医療トラブルシューティング」（中外医学社）朝日隆、山口登、堀孝文編集 2008
・「労働安全衛生法詳説」（経営書院）井上浩 2006
・「メンタル疾患の労災認定と企業責任」（労働調査会）第一東京弁護士会 2013

2　ハラスメント（第2章〜第4章関係）
・「現代型問題社員対策の手引き（第4版）」（民事法研究会）高井伸夫法律事務所 2012
・「問題社員対応の法律実務（正・続）」（日本経団連出版）石井妙子 2000、2006
・「職場のセクハラ」（信山社）小島妙子 2008
・「職場のいじめ」（信山社）水谷英夫 2006
・「職場のいじめ・パワハラと法対策」（民事法研究会）水谷英夫 2008
・「社員の不祥事・トラブル対応マニュアル」（労務行政）渡邊邑、加藤純子 2014
・「大学における学生相談・ハラスメント相談・キャリア支援」（東北大学出版会）東北大学高
　等教育開発推進センター 2008
・「セクハラ・DV の法律相談（新版）」（青林書院）石井妙子他 2012
・「弁護士に聞きたいストーカー・DV の問題 Q & A」（中央経済社）馬場・澤田法律事務所
　編 2010
・「キャンパスのセクハラ対策一調査・紛争処理編」（地域科学研究会）戒能民江他 2004
・「キャンパスのセクハラ対策の進化一事案争点と処分・裁判編」（地域科学研究会）井口博他
　2008

3　クレーマー等（第2章関係）
・「プロ法律家のクレーマー対応術」（PHP 新書）横山雅文 2008
・「クレーム処理と悪質クレーマーへの対応」（商事法務）森山満 2008
・「クレーム・トラブル対応・解決指南」（企業開発センター）藤井勲 2008
・「医療現場のクレーマー撃退法」（東京法令出版）深澤直之 2012
・「となりのクレーマー」（中公新書ラクレ）関根真一 2007
・「ぼくが最後のクレーマー」（中公新書ラクレ）関根眞一 2008
・「民暴対策 Q & A」（きんざい）日弁連民事介入暴力対策委員会 2008
・「行政対象暴力 Q & A 改訂版」（ぎょうせい）行政対象暴力問題研究会編著 2010
・「企業ネットトラブル対策バイブル」（弘文堂）畑中鐵丸法律事務所 2012

4 人事異動、懲戒処分（第1章、第3章、第6章関係）
- ・「不正調査の法律問題」（弘文堂）小林総合法律事務所編 2011
- ・「懲戒処分 適正な対応と実務」（労務行政）石井妙子、西濱康行、石井拓士 2013
- ・「懲戒権行使の完全実務」（日本法令）渡邊岳、加藤純子 2012
- ・「Q＆Aと書式 解雇・退職」（商事法務）藤本美枝、松村卓治、江藤真理子、栗原誠二編著 2013
- ・「Q＆A解雇・退職トラブル対応の実務と書式」（新日本法規）中山慈男 2010
- ・「「企業不祥事における第三者委員会ガイドライン」の解説」（商事法務）日弁連弁護士業務改革委員会編 2011
- ・「配転・出向・降格の法律実務」（中央経済社）石嵜信憲 2008
- ・「解雇・退職 第3版」（中央経済社）加茂善仁 2007
- ・「その記者会見間違ってます」（日本経済新聞出版社）中島茂 2007

5 紛争解決手続（第4章関係）
- ・「労働事件審理ノート第3版」（判例タイムズ社）山口幸雄、三代川三千代、難波孝一編 2011
- ・「労働紛争処理法」（弘文堂）山川隆一 2014
- ・「労働関係訴訟」（青林書院）渡辺弘 2010
- ・「解雇事例をめぐる弁護士業務ガイド」（三協法規出版）村林俊行、中田成徳、木下貴博、寺島英輔編著 2013
- ・「三訂版注解交通事故損害賠償算定基準（上・下）」損害賠償算定基準研究会編 2002

6 職場環境の改善、モチベーション・アップ（第6章関係）
- ・「不機嫌な職場」（講談社現代新書）高橋克徳他 2008
- ・「職場は感情で変わる」（講談社現代新書）高橋克徳 2009
- ・「感動職場」の作り方（日経情報ストラテジー 2008.12）
- ・「熱い職場」（日経ビジネス 2008.11.24）
- ・「ストレス対処能力SOC」（有信堂）山崎喜比古、戸ヶ里泰典、坂野純子編 2008
- ・「ワークエンゲイジメント入門」（星和書店）ウィルマー・B・シャウフェリ他著、島津明人他訳 2012
- ・「脆弱性とレジリエンス」木村美也子「こころの科学 165」（日本評論社）2012
- ・「ポジティブ心理学入門」（星和書店）鳥井哲志 2009
- ・「日本でいちばん社員のやる気がある会社」（中経の文庫）山田昭男 2010

索　引

あ

ICD　3
アスペルガー症候群　19, 57

い

医療保護入院　26

う

うつ病　3

え

ADHD　58
SOC 理論　64

お

大人の発達障害　19

か

過重労働　4
仮処分　46
感動職場　64

き

記者会見　35
境界性（ボーダーライン）パーソナリティ
　障害　15

く

クレーマー　22

け

欠勤　1
限界設定　16

こ

公示送達　2
交渉　40
控訴審　43
降任　34
広汎性発達障害　18
公表　35

さ

差し止め請求　45

し

自己愛性パーソナリティ障害　17
自殺　4
自宅待機命令　27
自閉症　19
自閉症スペクトラム　19
社員満足　71
就業禁止　27
試用期間　63
上告審　44
証人尋問　42
職場復帰支援　4

す

ストーキング　27
ストレスチェック　63

せ

責任能力　21
セクシャルハラスメント　12

そ

躁うつ病　7
双極Ⅰ型　7
双極性障害　7

双極Ⅱ型　7, 8
組織の一員としての仕事　52
訴訟　41
訴状　41
措置入院　26
損害賠償請求　44

た

大うつ病　3

ち

中途採用　62
懲戒処分　33

て

DSM　2
適応障害　6

と

答弁書　42
トラウマ　21

に

任意入院　26

ね

ネットによる誹謗中傷　28

は

発達障害　18
ハラスメント　11
　緊急救済措置　30
　相談　29
　調査　30
パワーハラスメント　13

判決　43
反社会的勢力　23

ひ

PTSD　20
非定型うつ病　5
病識　17

ふ

普通解雇　59
フラット化　56

へ

弁論準備手続　42

も

妄想性パーソナリティ障害　17
モチベーション・アップ　67
モンスター　22

れ

レジリエンス　66

ろ

労働委員会によるあっせん　49
労働局による相談・あっせん　48
労働審判　45

わ

ワークエンゲイジメントの理論　65
和解　43

インデックス出版の書籍紹介
鮮やかな影とコウモリ

定　　価　　¥2,800＋税
ページ数　　478（ハードカバー）
サイズ　　　A5
著　　者　　アクセル・ブラウンズ
訳　　者　　浅井　晶子

●本の紹介

ドイツでベストセラーになった自閉症者による自伝。
本文の一部をインデックス出版のホームページ（http://www.index-press.co.jp/books/psychology/kage.htm）から、ごらんいただけます。

●書　評

石堂　藍（文芸評論家）「本の雑誌」2005年4月号より抜粋

この作品で著者がなしているのは、文学における根源的な営みであって、自閉症への理解を求めたり、無理解な世間と戦う自分の内面を描いたりすることではないのだ。それゆえにこの作品は『詩的』という評価を受けているのであり、私もその評価は正当なものだと思う。詩的言語を通じて自閉症者の内面に触れ、つかのまその世界を共有することは、それが一般人の錯覚であるにせよ驚くべきことだ。一人でも多くの人に、この不思議な感覚を味わってほしいと思う。

自閉症を理解するための優れた著作

佐々木正美（川崎医療福祉大学）

私のような仕事をしている者にとりましては、とりわけ学ぶべきことの多い優れた著作であることは、疑いのないことのように感じました。

自分の見解が間違いだとわかった

香山リカ（精神科医）『すばる』2005年5月号より抜粋

おそらく彼らは"心の繊毛"の生えている部分が一般の人たちとは少し違うのだろ

う。私たちが見逃すものを、彼らはとらえる。そして、私たちがことさらに感じる
ものを彼らはあっさり受け流す。それはひとつのはっきりした「違い」ではあるが、
決して「優劣」ではない。

自閉症者の内面世界への洞察を可能にする

2003 年 1 月『脳と精神』誌より

これは自閉症者の自伝である。そしてそれは、ほとんど詩的とさえいえるすばらし
い言葉を駆使したものである。自閉症者自身による自閉症の記述は非常にまれであ
る。しかも明らかに第三者の手を借りずに書かれたものだ。本書は謎に満ちた自閉
症という世界にいる人間の思考方法への親密な洞察を我々に可能にする

驚異的な記憶力で描いた自伝

2003 年 4 月 7 日「フランクフルター・ルントシャウ」紙より

《暖房》は彼に《挨拶し》、《ドアノブ》が彼の《注意を引く》。けれど彼にとってほ
かの人間を知覚することは難しかった。彼らの顔には「まるで舗装されたばかりの
道路のように」蒸気がたちこめている。アクセル・ブラウンズは自身の内面世界を
描いた「鮮やかな影とコウモリ」で、一躍有名になった。 ブラウンズは、この小
説を純粋に記憶からのみつくられた「百パーセントの自伝です」と言う。作者の記
憶力は、本人の弁によれば「怪物なみ」なのだ。

他者の雑音、自閉症の世界からの豊かな響き

2003 年 6 月『Literaturkritik.de』誌より

アクセル・ブラウンズの「鮮やかな影とコウモリ」は、言葉の通じない外国にいて、
人の言葉が雑音、騒音としか聞こえない、例えるならばそんな自閉症の体験をつづっ
た本だ。しかしそれは一時的なエピソードではなく、深い生の感覚である。 ブラ
ウンズは、自身の殻にとじこもった子供時代から、自立した大学生になるまでの月
日を、障害者の手記としてではなく、豊かな言葉を使った散文として描写した。こ
の本のなかで彼が認識を獲得していく過程は、言葉を獲得していく過程でもある。

「詩的自閉症」は、文学作品の傑作である

2003 年 1 月『社会精神医学』誌より

アクセル・ブラウンズの子供時代と少年時代は、他者を知覚し他者の中でうまく生
きていくことの困難に満ちていた。その体験を文学に昇華した作品である。 ブラ
ウンズは言葉に対して特別な関係を構築する。彼は独自の言葉を発明し、それらの
言葉がこの本を芸術作品に高め、彼の異質なパースペクティヴを非常に詩的に明ら
かにする。 ブラウンズがある朗読会で語ったところによれば、彼がその著書のな
かで伝えたかったもっともすばらしい発見は、ズィルトのある通りの名前が三種類
の異なるスペルで書かれているということだった。

プロフィール

三浦 春政（みうら はるまさ）

昭和33年生。昭和57年東京大学法学部卒業、文部省入省。情報課長、社会教育課長等を経て、平成18年以降、三重大学、東京芸術大学、お茶の水女子大学の理事・副学長を歴任。現在、物質・材料研究機構理事。

しょくば こま ひと しんり たいさく
職場の困った人の心理と対策

2014 年 1 月 20 日　第 1 刷発行

著　者　三浦春政（みうらはるまさ）
発行者　田中壽美（たなかかずみ）
発行所　インデックス出版
　　　　　　mail：info@index-press.co.jp
　　　　　　〒191-0032　東京都日野市三沢 1-34-15
　　　　　　TEL 042-595-9102　FAX 042-595-9103
印　刷　シナノ印刷株式会社

Printed in Japan　ISBN978-4-901092-89-0